ゼロから学ぶ
障害のある子ども・若者の
セクシュアリティ

伊藤修毅

全障研出版部

カバーデザイン／イラスト　永野徹子

はじめに

　「性教育をやめませんか？」

　同僚のこの発言に、空いた口がふさがらなくなったのは、養護学校の教員になって5年目の春でした。当時、私の勤めていた学校では、年間3時間程度は性教育の時間を確保するということが慣例化していて、生徒たちの実態を考えたらあたりまえのことと軽く受け止め、性教育をしていました。そんななかでのこの発言に、十分な反論ができなかった自分がいました。私は、これを機会に、人間の性や性教育について、ゼロから学び直さなくてはならないなという思いを強くもち、まさか後に自分が代表になるとは思わずに、"人間と性"教育研究協議会（性教協）の障害児サークル（現在は障害児・者サークル）に入会し、本格的に障害のある子ども・若者の性と生についての学びを始めました。

　2005年3月4日の参議院予算委員会で、与党議員がある市の教育委員会が発行している性教育の副教材の一部を取り上げ、非常に過激であり許せないという主旨の質問をしました。これに対し、当時の小泉純一郎首相は「これは私も問題だと思いますね」「我々の年代では教えてもらったことはありませんが、知らないうちに自然に一通りのことは覚えちゃうんですね」と答弁しました。小泉氏は私の父と2歳ちがい、長男の孝太郎氏と私が4歳ちがいなのですが、たしかに「教えなくても、自然に一通りのことは覚えちゃう」という感覚を父親世代はもっており、そして私たちの世代は、この言葉の通り、なにも教わってこなかったように思えます。

　私自身が「学び直し」をしていくと、「自然に覚えた一通りのこ

と」と、「障害児サークルに出会った後の学びのなかで得たもの」を比較すると、自然に覚えた一通りのことは、誤解と偏見に満ち溢れていることが徐々に明らかになりました。それは、同時に、発達にさまざまな困難を抱え、よりていねいな性教育を必要とする子ども・若者と向き合う仕事をしていた私が、その誤解や偏見にもとづいた性教育をおこなっていたという事実を突きつけられたということでもあります。

　私自身がどのように性に関する知識を得てきたかを思い出してみると、愕然となります。私は、ある中高一貫の男子校出身なのですが、当時（1980年代後半）の男子校で育まれるセクシュアリティがどのようなものであったか想像できますでしょうか？　あくまでも私の通っていた学校だけなのかもしれませんが、とにかく、おもしろい先生＝エロい話をしてくれる先生だった記憶があります。授業の肝心な内容はほとんど記憶に残っていませんが、「おもしろい先生」がしてくれたエロ話の内容は、今でも脳裏に焼き付いています。

　たとえば、当時「ノーパン喫茶」なる業態の風俗店がありましたが、ノーパン喫茶での正しい鏡の使い方を力説していた化学の先生、「全種類の風俗店を制覇した」と豪語する地理の先生の顔は30年近くを経た今でもハッキリ思い出せます。英語の時間に「受動態」を習いますが、「やる方が能動態で、やられる方が受動態。ようするに、能動態は男で受動態は女」という説明をされました。今なら「炎上」するような発言ですが、当時、私の通っていた「男子校」では、こんな教師の発言は頻繁にありましたし、それを「問題」とする風土はなかったかと思います。

　こんな環境で育った私ですので、今思えば、思春期から青年期前半にかけて育まれた私自身のセクシュアリティは「ゆたか」とは正

反対のものであったことはまちがいありません。ただ一つ、こんな育ちを経験した私だから言えることは、おとなになってから「学び直す」ことは不可能ではないということです。おそらく、日本の多くのおとなたちは、程度の差はあれ、人間の性について十分な学びをした経験がないかと思います。むしろ、誤りだらけの「自然に覚えちゃった一通りのこと」で止まっている人も多いのではないでしょうか。そういう意味では、おそらく、「学び直す」ことは、日本中のほとんどのおとなたちの課題のように思えます。

　本書は、2019年4月から2020年3月にかけて『みんなのねがい』に連載した「ゼロから学ぶ　障害のある子ども・若者のセクシュアリティ」に、加筆・修正をしたものです。ただし、第11章と補章は書き下ろしです。障害のある子ども・若者に関わるみなさんにとって、セクシュアリティの教育や支援というのは常に頭を悩ませているところかと思います。そんななかで、私自身がゼロから学び直してきたことを少しでも、読者のみなさんと共有していければという思いを込めて連載を書かせてもらいました。おかげさまで、多くのみなさんから共感や励ましのお言葉をいただき、1年間、締め切りと校正に追われる生活も苦にならずに送ることができました。また、『みんなのねがい』の編集委員や愛読者のみなさまから、たくさんの建設的なご意見もいただきました。可能な限り本書に反映させることで、お礼に代えたいと思っています。

　なお、本書で扱う事例のなかには、性質上、出所を明らかにできないものもあります。本質を変えないように一部を改変したり、複数の事例を併せてひとつの事例にしたりするなどしたものもあります。セクシュアリティという大変デリケートなところに関わる事例ですので、この点はご容赦いただければと思います。

目次

第1章
セクシュアリティに肯定的に向き合う

「セクシュアリティ」という言葉

　できるだけカタカナ言葉は避けたいという思いもあるのですが、本書では、「セクシュアリティ」という言葉を使っていきます。

　性教育の実践者たちのなかには、「それは性器教育だよ！」「それは性交教育だよ！」と批判をされた経験があるという人が少なくありません。念のために言っておきますが性器について学習することも、性交について学習することも非常に大切な課題であり、性器教育や性交教育と言われても、それは非難に値するものではありません。その上でですが、近年、性教育は「sex education」ではなく、「sexuality education」であることを大切にしています。つまり、男女の性別や性行為を示す「セックス」の教育ではなく、性に関わるさまざまな事項（性についての意識、行動、能力、関心、表現など）を含む「セクシュアリティ」の教育であるということです。

　1999年におこなわれた世界性科学会議で採択された「性の権利宣言」は、「セクシュアリティとは、人間ひとりひとりの人格に不可欠な要素である」という一文で始まります。学校教育が人材育成主義に歪められようとしているなか、改めて「教育は、人格の完成を目

指」すものであり、その人格のなかには、セクシュアリティという不可欠の要素が含まれているということを確認したいと思います。

性の権利宣言は、「セクシュアリティが充分に発達するためには、触れ合うことへの欲求、親密さ、情緒的表現、喜び、優しさ、愛など、人間にとって基本的なニーズが満たされる必要がある。セクシュアリティとは、個人と社会構造の相互作用を通して築かれる。セクシュアリティの完全なる発達は、個人の、対人関係の、そして社会生活上の幸福に必要不可欠なものである」と続きます。つまり、セクシュアリティは「発達」するものということですね。

性の権利

「性の権利宣言」では、「セクシュアル・ライツ（性の権利）とは、あらゆる人間が生まれながらにして有する自由、尊厳、平等に基づく普遍的人権である」とした上で、具体的に11の性の権利を示しています。

その1つ目は、「性的自由への権利」です。「あらゆる形の性的強要、性的搾取、性的虐待をも排除する」と説明されています。インターネットの検索サイトで、「特別支援　わいせつ」という言葉を入力してみると残念なことに、特別支援学校や特別支援学級の教員によるわいせつ事案が続々と出てきます。なかには、女性の教員による男児に対する性加害行為もあります。性被害防止のための指導で、「知らないおじさんについて行ってはダメだよ」という言い方をすることがありますが、性被害の加害者は「知らない人」とは限りませんし、「おじさん」とも限りません。こういった事実を支援者たちがきちんと知ることは、子どもたちを、その性的自由が奪われる行為

から守るための第一歩ではないでしょうか。

　また、「性的平等への権利」ということも示されています。ここには、「この権利は、（中略）身体的および情緒的障害にかかわらず、いかなる差別からも解放される」ということが書かれています。あたりまえですが、性の権利は障害の有無に関わらず、すべての人に平等に保障されるべきものです。しかし、「障害者が子どもをもつなんてけしからん」という考え方をもっている人はけっして少なくありません。「ウチの子が結婚するなんて絶対考えられない」という障害児の親御さんに出会うこともしばしばです。「どうせ私は障害があるから恋愛なんてできない」という言葉を口にする障害のある青年もめずらしくありません。こういった言葉のひとつひとつから、まだ、この社会が、障害のある人たちに「性的平等への権利」を保障していないという事実が伝わってきます。

セクシュアリティに肯定的であること

　1999年に「性の権利宣言」を採択した世界性科学会議は、2005年に性の健康世界学会に名称を変え、2014年に「性の権利宣言（改訂版）」を採択しました。1999年版でも「包括的セクシュアリティ教育への権利」ということが明示されているのですが、この点が2014年版では、より深められています。

　　人は誰も、教育を受ける権利および包括的な性教育を受ける権利を有する。包括的な性教育は、年齢に対して適切で、科学的に正しく、文化的能力に相応し、人権、ジェンダーの平等、セクシュアリティや快楽に対して肯定的なアプローチをその基礎に置くものでな

男性のからだ・女性のからだ

けなければならない。（性の健康世界学会「性の権利宣言」2014改訂版
より）

　「包括的な性（セクシュアリティ）教育」については、後々、くわ
しく述べることとして、ここでは「セクシュアリティに対して肯定
的なアプローチ」という言葉に注目します。
　『みんなのねがい』に連載を書いている間に、『児童青年の発達と
「性」の問題への理解と支援』[1] や『学校でできる！　性の問題行動
へのケア』[2] といった書籍が発刊されました。性教育に積極的に向
き合おうとする書籍が増えることは喜ばしいことですし、私の考え
と異なる部分も若干ありますが、いずれも、真摯な研究にもとづく
内容であることはまちがいありません。ただ、これらの書籍のタイ
トルを見て、真っ先に思うことは、なぜ、「問題（行動）」という言
葉から入るのだろうかということです。「セクシュアリティに対して
肯定的にアプローチ」を基礎におくということは、性的な「問題（行
動）」を予防するというアプローチではなく、適切な性的な行動を自
らの意思で決定しおこなうことができるようなアプローチを大切に
するということではないでしょうか。
　ある特別支援学級の先生から「小学校低学年の男の子と女の子が
体育館のステージのそでに隠れてお互いの性器を見せ合いっこして
いた」という報告がありました。この報告は、「そんなことをしては
いけませんときびしく叱り、しばらく２人から目を離さないように
先生方で協力して対応した結果、そういった行為はなくなりました」
と続きます。これも「肯定的なアプローチ」とは正反対であると言
えます。「問題行動は発達要求」と言いますが、「性的問題行動は性
教育要求行動」ととらえてみてはどうでしょうか？　どうやら自分

とは異なる性器をもっているらしいお友だちの性器に科学的な興味・関心を抱くことはごくごく自然なことです。だとすれば、きちんと「男の子の性器・女の子の性器」について、形や名前、はたらき、そしてその大切さなどについてきちんと学習する機会を保障することが大切です。これが「セクシュアリティに対して肯定的なアプローチ」ではないでしょうか。

寝た子を科学的に起こそう！

　性教育を避けたいと思う人たちは、しばしば「寝た子を起こさない方がいい」と言います。しかし、子どもは寝たままでは困ります。そして、この情報社会のなか、世の中には科学的に正しいとは言えない性情報が氾濫しています。

　たとえば、「テクノブレイク」というネットスラング（俗語）があります。インターネット上には、「性ホルモンの過剰分泌によって起こる身体異常である」といったまことしやかな解説がなされ、マスターベーションをし過ぎるとテクノブレイクになって死亡するというフェイクニュースにリンクします。よく考えれば、デマであることは一目瞭然の情報なのですが、大学生に話を聞くと、かなりの学生がこのデマを信じ込んでいます。

　こういった例を出すと、インターネットが悪者にされがちですが、性にかかわるデマは、インターネットの中だけに存在しているわけではありません。たとえば、「マスターベーションをしすぎると、身長が伸びない」というデマは、少なくとも私が思春期にさしかかる前から口コミで十分に流通していました。おそらく、インターネットが普及する何十年も前から語り継がれているデマではないでしょ

うか。「膣の中に射精しても、すぐに炭酸飲料で洗えば妊娠しない」なんていうのも、古典的デマの代表格ですね。

　だいぶ前の話ですが、ある有名芸能人同士が結婚して何年か経過した頃に、某週刊誌の電車の中吊り広告で、「○○（結婚した男性芸能人の名前）、いまだに生でさせてもらえず！」というタイトルの記事を見たことを鮮明に記憶しています。あまりの下品さにも驚きましたが、それ以上に、結婚したら生で、つまり、コンドームなしでセックスをするのがあたりまえであるという週刊誌の考え方に驚きました。そして、こういった「情報」が世の中に垂れ流されていれば、結婚したら子どもがほしいとき以外でも、コンドームをつけないことが当然かのような誤った価値観をもつ人が増えていっても不思議ではありません。このような「起こされ方」をしたら、不幸としか言いようがありませんが、こういった情報が、誰もが目にできるところに普通にあふれているのがこの国の現実です。

　こんな誤った情報に起こされるくらいなら、先手を打って、科学的に正しい情報で起こしていきたいものです。大阪・堺で青年向け性教育セミナーなどの実践にとりくんでいる千住真理子さんは「寝た子を科学的に起こそう！」と言われました。この言葉を軸に、「障害のある子ども・若者のセクシュアリティ」に向き合っていこうと思います。

1）小野善郎監修・和歌山大学教育学部附属特別支援学校性教育ワーキンググループ編著（2019）『児童青年の発達と「性」の問題への理解と支援―自分らしく生きるために　包括的支援モデルによる性教育の実践』福村出版.

2）宮口幸治編著・國分聡子・伊庭千惠・川上ちひろ著（2019）『学校でできる！　性の問題行動へのケア―子どものワーク＆支援者のためのツール』東洋館出版社.

第2章
セクシュアリティの多様性

　障害者権利条約第24条（教育）には、「障害者を包容するあらゆる段階の教育制度及び生涯学習」の目的の１つ目に「人間の潜在能力並びに尊厳及び自己の価値についての意識を十分に発達させ、並びに人権、基本的自由及び人間の多様性の尊重を強化すること」とあります。今回は、この「人間の多様性の尊重を強化すること」について、セクシュアリティの面から考えていきます。

LGBTからSOGIへ

　近年、「LGBT」という言葉を頻繁に耳にします。レズビアン・ゲイ・バイセクシュアル・トランスジェンダーの頭文字をつなげたものです。しかし、多様なセクシュアリティは、この４種類だけではありませんので、Ｑ（クエッショニング）、Ｉ（インターセックス）、Ａ（アセクシュアル）などを加えたり、LGBTsとしたりして、多様なセクシュアリティを示すこともあります。

　これらは、セクシュアリティの典型例のいくつかに名前をつけたものです。名前があることで理解しやすくなる面もありますし、自分のセクシュアリティを受け止めやすくなる場合もありますので、それぞれの名前の意味は、後で可能な範囲で説明します。その前に

「LGBT」に代わる言葉として、「SOGI」という言葉を確認しましょう。

　性指向（Sexual Orientation）と性自認（Gender Identity）の頭文字をつなげた言葉で、「SOGIに関する差別の禁止」という文脈で使われることが多くなっています。セクシュアリティの要素の重要な部分である性指向や性自認などで、差別をしてはいけないという思いが込められた言葉と理解しています。

セクシュアリティの３つの要素

　図１は、性指向・性自認と身体的性（sex）の３つをセクシュアリティの要素とし、それぞれグラデーションがあることを示したものです。要素はさらに細かく分けることもありますが、３つに絞りました。ここで重要なのは、各要素は独立しているということです。つまり、身体的性が決まったら性自認が決まったり、性自認が決まったら性指向が決まったりするものではないということです。

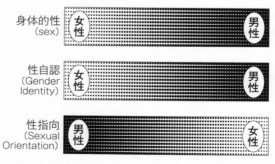

図１　セクシュアリティの要素とグラデーション

身体的性の多様性

　外性器の形状を元に戸籍上の性別が割り当てられるわけですが、身体的性は必ずしも男女が明確なわけではありません。「性分化疾患（DSDs：Disorders of Sex Development）」と言い、内性器・外性器・性染色体といった本来の身体的性を決める部分が非典型の人もいます。性分化疾患にあたる疾患は多様で、その現れ方もさまざまです。

　漫画『性別が、ない！』の著者で性分化疾患当事者の新井祥さんは、漫画の内容から、「中間の性」を自認していると推察されます。しかし、身体的性と性自認は独立しているので、性分化疾患の人がすべて「中間の性」という自認をもつとは限りません。むしろ、性自認は明確に、男性または女性であるという人が多く、グラデーションに位置づけられることは本意ではないそうです。第一に尊重されるべきは、「性自認」であることを確認しておきましょう。

　なお、「性分化疾患」は、立場によっては「インターセックス」という言い方をすることもあります。また、かつては、「半陰陽」「ふたなり」などの言葉で呼ばれることもありましたが、蔑視的なニュアンスで扱われることが増え、忌避されるようになっています。

性自認の多様性

　身体的性（厳密に言えば外性器の形状によって「割り当てられた性」）と性自認は独立しているのでさまざまな組み合わせがありえます。割り当てられた性と性自認が一致する組み合わせを「シスジェ

ンダー」、一致しない組み合わせを「トランスジェンダー」と言います。性自認も、男女が明確とは限りません。「クエッショニング（性自認が不明）」「Ｘジェンダー（男女どちらでもない性という自認）」という人もいます。

　トイレや更衣室など、「男性用」と「女性用」しか用意されていない学校や社会は、とりわけＸジェンダーの人たちにとっては過酷な環境です。外でトイレに入るのが怖くて家から出られなくなり不登校になったという当事者に出会ったこともあります。渋谷のドン・キホーテには「オールジェンダートイレ」が設置されたそうですが、こういった社会のとりくみが広がっていく必要があります。

トランスジェンダーもさまざま

　「トランスジェンダー」よりむしろ「性同一性障害」という言葉の方が耳なじみがあるかもしれません。図２は、トランスジェンダーのさまざまな状態を示しています。一番外側の円は、「性別に違和感がある」人々です。その一部が「違和感を表現」し、さらに、その一部が、「病院に行く」という行動をします。

　病院で医師の診断がつく人も、その一部です。この診断名として用いられてきた用語が「性同一性障害」ですが、DSM-5[1] では「性別違和」に、ICD-11[2] の仮訳では「性別不合」となっており、診断名やそのカテゴリーは変遷途上にあります。

　「診断がつき」、治療を希望する場合は、「ホルモン療法など」からスタートします。そこで十分という人もいますし、身体を性自認に合わせたいという人もいます。性自認に身体を合わせる手術を「性別適合手術」と言います。一般に、手術までを希望する人たちを「ト

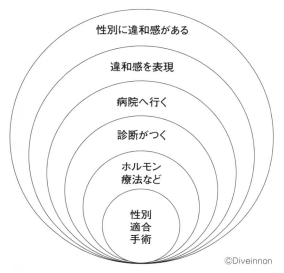

図2　トランスジェンダーのさまざまな状態

ランスセクシュアル」と言います。

性指向の多様性

　次に、性自認と性指向の組み合わせです。性自認と異なる性に性
指向が向く人を「ヘテロセクシュアル（異性愛者）」と言います。性
自認と同じ性に性指向が向く人を「ホモセクシュアル（同性愛者）」
と言います。男性の場合が「ゲイ」、女性の場合が「レズビアン」で
す。そして、男性・女性の両方に性指向が向く人を「バイセクシュ
アル（両性愛者）」と言います。

　性指向は本当に多様で、いくつ名前があっても足りません。たと
えば、グラデーションのどこにでも性指向が向く人を「パンセクシ

ュアル（汎性愛者）」と言ったり、逆にどこにも向かない人を「アセクシュアル（無性愛者）」と言ったりします。「アセクシュアル寄りのレズビアン」「レズビアンだったりバイセクシュアルだったりする」などと自分のセクシュアリティを言い表す当事者に出会ったこともあります。性自認同様に「クエッショニング（わからない）」という人もいます。

性指向を示す言葉を使うときも、性自認を尊重することが原則です。たとえば、MtFトランスジェンダー（男性と割り当てられた女性）で性指向が女性に向く人はレズビアンと考えます。

性表現という要素

ここまで、セクシュアリティの要素を３つに絞って述べてきましたが、ここで４つめの要素として「性表現」にも触れておきたいと思います。冒頭のSOGIにEを加え、SOGIE と言われる方もいるのですが、このEはExpressionで、GIEで「性自認と性表現」という意味になります。

クロスドレッサーあるいはトランスベスタイトという言葉を聞いたことがあるでしょうか。「異性装者」と訳されますが、性自認は身体的性と一致しているが、その性とは異なる性別「らしい」外見・服装にすることを好む方々を示します。おそらく、「女装家」という肩書で活動されているマツコ・デラックスさんやミッツ・マングローブさんは、これにあたると思われます。ミッツさんが「自分は男性だというアイデンティティをもっている」というコメントをされていた記憶がありますが、「トランスジェンダーとは異なる」という意識をもたれているものと理解しています。

繰り返しますが、セクシュアリティの各要素は独立しています。特に生物学的に男性で女装をされている方はゲイであると決めつけられがちですが、異性装者であることと同性愛者であることに関連性はありません。

性別二元論・異性愛主義からの脱却

　名前がたくさん出てきて混乱している人も多いですよね。ここではこれ以上の深入りはしませんが、性指向を恋愛感情と肉体的な性欲に分けたり、ポリアモリー（合意の上で複数のパートナーと関係を築く恋愛スタイル）だったり、多様性を追求すると本当にキリがありません。しかし、少なくとも、私たちのなかに染みついている「性別二元論（すべて人は男か女に分けられるという考え方）」や「異性愛主義（異性を好きになるのが自然という考え方）」という根強い価値観から脱却するべきであることはおわかりいただけたでしょうか。

　性教育や生徒指導で「男女交際」という言葉が使われます。この言葉には、性別二元論と異性愛主義の両面が備わっていますので、「人間の多様性の尊重を強化すること」という障害者権利条約のめざす方向とは真逆の言葉です。たとえば、「おつきあい」と言い換えるだけでも、性別二元論や異性愛主義のニュアンスは薄くなります。こういったひとつひとつの日常的な言葉づかいの点検から始めてみてはいかがでしょうか。

ダブルマイノリティ

　シスジェンダー（割り当てられた性と性自認が一致する組み合わせ）でヘテロセクシュアル（異性愛者）であることも多様性の一部をなしているに過ぎませんので、そうでない人を「マイノリティ」とすることは妥当ではありません。ここでは文脈上やむを得ないので、「セクシュアルマイノリティ（性的少数者)」と表現します。というのは、「ダブルマイノリティ」という言葉があるからです。セクシュアルマイノリティであり、かつ、何らかのマイノリティに属しているということですが、この「何らかのマイノリティ」として、障害も挙げられます。

　ある調査[3]では、「日本でLGBTに該当する人は8.9％」という結果が出ていますので、この調査結果に従えば、障害者人口の8.9％が「障害」と「セクシュアルマイノリティ」の「ダブルマイノリティ」であることは不思議なことではありません。20歳を過ぎて初めて性別違和を自覚したという知的障害の人がいましたが、障害により性自認や性指向の明確化が遅れる場合もあります。支援者は、「この子は、シスジェンダーでヘテロセクシュアルである」という勝手な決めつけをすることは慎むべきでしょう。

　一方で、発達障害の人が性同一性障害と誤診される例があることを聞きました。もちろん、発達障害でトランスジェンダーの人がいることは何も不思議ではないのですが、発達障害の人が、「まわりになじめないのは性別が異なるからだ」と思い込んでしまい、誤診につながるそうです。この点については、今後の研究が急がれるところです。

1）アメリカ精神医学会が作成する精神障害に関する診断基準。2014年に第5版が発表された。
2）国際疾病分類。WHO（世界保健機関）が作成する死因および疾病の分類。2018年に第11回改訂版が公表された。
3）電通ダイバーシティラボホームページ（https://dentsu-diversity.jp/）より

第3章
私のからだは私のもの

　セクシュアリティ教育を「こころとからだの学習」と呼ぶことがあります。「からだとこころの学習」とは決して言わないことに、「こころ」を第一に大切にしたいという思いを感じますが、だからと言って、「からだ」は二の次でいいわけではありません。むしろ、「からだ」を科学的に学ぶことは、セクシュアリティ教育の中心的なテーマです。

禁止のためのプライベートゾーン？

　からだの学習では、「とにかくプライベートゾーンは伝えたい」と考える実践が多いようです。「プライベートゾーン」とは、一般的には、性器やお尻、女性の場合の胸などを指し、たとえば「水着で隠す場所」といった伝え方をすることが多いようです。そして、プライベートゾーンは大切なところなので、「人に見せてはいけません」「人にさわらせてはいけません」といった指導が続きます。

　「口もプライベートゾーンに含めるべきでは」とか、「見せてとさわらせてはどちらがよいか」などの論争もありますが、その前に、「〇〇してはいけません」という禁止口調が問題です。長年、障害児・者のセクシュアリティ教育にとりくんできた永野佑子さんは「ダ

メダメはダメ」と言います。つまり、セクシュアリティの教育や支援において、「禁止」はいけないということです。

　「禁止」を避けるべき理由は２つあります。１つは、性的な行動を禁止することは「抑圧」になるということです。抑圧されたエネルギーは何らかの形で暴発することがあるわけですが、それが「性加害」という形となって現れることもあります。性犯罪の加害者にしないためにきびしく禁止をするという人がいますが、性的な行動に対する強い禁止の繰り返しは、結果的に、その人を性犯罪の加害者に近づけることになります。

　もう一つの理由は、支援者との信頼関係が切断されてしまうという点です。障害のある人のセクシュアリティの権利を保障するためには、支援が不可欠です。つまり、困ったときに「困った」と頼れる支援者の存在は欠かせません。しかし、禁止をした支援者は困ったときの相談相手にはなりえません。「この人なら相談しても大丈夫」と思える関係を維持するためにも、禁止の言葉掛けは避けたいものです。

プライベートゾーンの考え方

　プライベートゾーンに話を戻します。プライベートゾーンを「からだの大切なところ」と伝えることも多いですが、そもそも、からだはすべて大切です。自分のからだは、自分だけの大切なものであることを大前提におくことが必要です。

　その上で、性器やお尻、胸などは、「大切なからだのなかでも、特に大切な部分なので、特別な場合を除いては、他人に見せたり、さわらせたりはしないでほしい」と伝えるのがよいかと思います。「特

別な場合を除いて」というのは、たとえば公衆浴場なども想定され
ますし、何か異常が発生した時には保護者や医師に見せる必要があ
ります。将来は、特別な関係の人には、プライベートゾーンをオー
プンにすることもあります。プライベートゾーンを絶対的なものと
して、教え込むことよりも、「特に大切な部分」を状況に応じてどう
するのがよいか、考えられるようにすることが大切です。

大切なものには名前がある

　からだは大切ということを実感してもらうためには、からだの各
部の名前をしっかりと伝えていく必要があります。名前のない部分
を「大切にしなさい」と言われても、無理な話だからです。ところ
が、目や鼻ならいいけど、ペニスやワギナなどは言えないし、教え
たくないという「おとな」にしばしば出会います。からだの学習で、
ことさらに性器のみを強調する必要はありませんが、性器もきちん
と位置づけるべきです。「特に大切な部分」と伝えるからには、てい
ねいに教えていきたいものです。

　漠然と外性器を指す言葉としては、男性はペニス、女性はワギナ
で十分でしょう。認識の力に応じて、よりくわしい学習をするので
あれば、男性の外性器なら、亀頭、冠 状 溝、包皮、陰嚢など、細か
く説明していくこともあります。女性の外性器には３つの穴がある
という説明はよくされます。前から順に、尿道口、膣口、肛門です。
尿道口の少し前にクリトリスがあり、クリトリスから膣口の下の辺
りまでは小陰唇で覆われていて、さらに、その外側が大陰唇で覆わ
れています。女性は、手鏡などを使って自分の外性器の状態をしっ
かりと確認しておくことも大切ですね。

実際に目で見ることのできない内性器の学習は、よりむずかしくなります。発達の力に合わせてイラストを用いたり、立体模型を用いたり、「教材・教具の工夫」が特に重要になります。36ページのコラムで、第1章で紹介した千住真理子さんが、からだの学習に使うエプロンシアターなどの紹介をしてくれています。

おちんちんとおちょんちょん

　ペニスやワギナなどの言葉はちょっとむずかしい、まだ幼児語の方が適切という発達段階の人もいます。ペニスには、「おちんちん」という幼児語がありますので、これを活用しない手はありません。問題は、ワギナにあたる幼児語が十分に流通していないということです。その結果、つい「おちんちんがあるから男の子、おちんちんがないから女の子」という言い方をしてしまいます。でも、女の子に性器がないわけではありません。大切な部分にも関わらず、「ない」と言われたら、大切にしようがないですよね。

　永野佑子さんは、「男の子の性器の名前はちんちんと誰でも知っていますが、女の子の性器の名前はタブーです。口にできる名前がありません。女性の性器は男性の性の対象としてしか認識されてこなかった証拠です。つまり、女性という性には人格が認められてこなかったということです」[1] と述べています。

　そこで、「おちんちん」と対等な女の子の性器を表す幼児語として推奨したい言葉が「おちょんちょん」です。「おちんちんがあるから男の子」「おちょんちょんがあるから女の子」、これが対等ですし、女の子の性器の存在が確認できる表現です。「おちょんちょん」に相当する言葉は、地域によってさまざまあるようです。大切なのは、

小さい子どもでも親しめるような名前があるということです。

性器タッチ

　保護者や学校の先生からよく相談を受けることの1つに「性器いじり」があります。「いじる」という言葉のネガティブさを排除するために、ここでは、「性器タッチ」と呼ぶことにします。

　自分のからだは自分だけの大切なものですので、他人が「さわってはいけない」と言うことはそもそもおかしなことです。とはいえ、状況によっては止めたくなってしまう支援者の気持ちはよくわかります。

　ハッキリ認識しなくてはいけないことは、自分の性器は「さわってよい」ものであるということです。むしろ、「きちんとさわることができる」ことは大切ですので、さわれることを褒めてあげるくらいでよいと思います。逆に、性器タッチをした時に「そんな汚いところさわっちゃいけません！」などと強く叱責され、それ以降、まったく性器にさわることができなくなったという事例は多いです。性器にさわれないということは、洗うこともできなければ、排尿にも支障がでます。

　これは止めなきゃなと思った時も、まずはその子の様子をよく観察してみましょう。たとえば、性器が洗えておらず、かゆみが発生しているという場合もあります。このような場合は、きちんと洗ってあげる、または、洗い方を教えてあげるということが必要になります。

　性器は敏感な場所ですので、さわると気持ちがいいですし、落ち着きます。緊張状態が強くなり、手が性器にいくということもしば

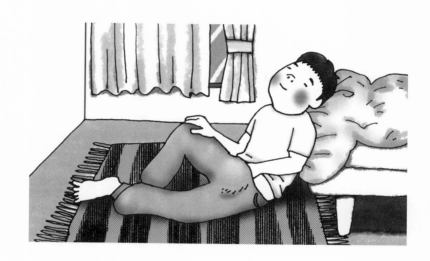

しばあります。こういうときは、緊張状態から解放してあげないといけないでしょう。

　一番多いのは、退屈なときです。授業中に性器タッチをしているのは、ほとんどの場合、その授業がつまらないからです。私も元教師ですので、授業がうまくいかず、なんとなくこの授業は子どもたちには届いていないなぁというとき、子どもたちの手は性器にあったという経験を何度もしています。つまり、授業中の性器タッチをやめてほしければ、授業をおもしろくするしかないってことですね。

性器の洗い方

　実は性器の「正しい」洗い方を知らないというおとなも多いです。『あっ！　そうなんだ！　性と生』[2)]というセクシュアリティ教育用

『あっ！ そうなんだ！ 性と生』
エイデル研究所

の絵本があります。この絵本の解説には、「女の子は、しゃがんだ姿勢でシャワーやお湯くみで性器にお湯をかけて小陰唇の間を優しく洗うようにします。男の子は、包皮をからだの方に引いて、垢や汚れを洗い流し、包皮をもとに戻すことが必要です」とあります。

　お母さんが男の子のからだを洗ったり、洗い方を教えたりする際、包皮を引いたところ（冠状溝）に垢がたまりやすいなんてことは知らないことが多いですよね。女の子の洗い方についても、まさに「あっ！　そうなんだ！」と驚かれていたお母さんがけっこうたくさんいます。

　セクシュアリティ教育は、思春期・青年期以降のものと思われがちですが、小さいころからコツコツと積み上げていくことが重要です。「幼児期のセクシュアリティ教育」と言われても、なかなかイメージが湧きにくいという人も多いと思いますが、そういった人に、この『あっ！　そうなんだ！　性と生』はおすすめです。前半は、「からだ」「いのち」「わたしとみんな」という３編に整理された21のテーマについて子どもたちの疑問に答える絵本が、後半は、おとな向けの解説が掲載されています。「おしっこのしかたは女の子と男の子でなぜちがうの？」「赤ちゃんはどうやってできるの？」など、子どもたちに素朴な疑問が起こったときが、セクシュアリティ教育の最大のチャンスです。そんなときに、おとながごまかしたり、「そんなこと言ってはいけません」と叱ったりすることなく、きちんと疑問に答えるためにも、そして、「とにかく何かできることから実践を始めてみよう！」という際にも、ぜひ活用してください。

性器はワイセツ？

　女性器をモチーフにしたアート作品の制作にとりくむ、ろくでなし子さんという人がいます。制作費用を得るために、クラウドファンディングを利用し、出資者へのお礼としてみずからの性器の3DデータをダウンロードできるURLを送付したという理由で逮捕・起訴されました。

　事件については、ご本人の著書[3][4]をお読みいただきたいのですが、彼女の主張は終始一貫しています。それは、「私の体はワイセツではない」というものです。性器は私たちの大切なからだの大切な一部であって、決して、わいせつ物ではありません。しかし、日本社会には、性器をわいせつと扱う風潮がいまだに残っています。男性器を示す「ちんこ」は放送禁止用語ではありませんが、女性器を示す「まんこ」は放送禁止用語であるといういびつな性差も存在します。

　「私のからだは私だけの大切なもの」を実感できるようにすることは、セクシュアリティ教育の第一歩です。そのためには、「私たちのからだに、わいせつな部分はない」ということを確認することから始めてみませんか。

1）永野佑子（2019）「大切です、性器の名前　おちんちん　おちょんちょん　は　どう?!」『季刊セクシュアリティ』(90)、98-99.

2）浅井春夫・安達倭雅子・北山ひと美・ほか編（2014）『あっ！　そうなんだ！　性と生—幼児・小学生そしておとなへ』エイデル研究所.

3）ろくでなし子（2015）『ワイセツって何ですか？—「自称芸術家」と呼ばれた私』金曜日.

4）ろくでなし子（2015）『私の体がワイセツ!?—女のそこだけなぜタブー』筑摩書房.

コラム①

からだを知る

　子どもたちや青年たちは、からだや命の誕生、おつきあい等、知りたいことが学べる性教育が大好きです。私は彼らの"知りたい""教えてほしい"に応えたいと性教育の虜になりました。

　性教育の授業には、目で見てわかる、さわってわかる、からだで体感できる教材が欠かせません。見えないからだのしくみや働きについて学ぶ時に欠かせないのがエプロンシアターです。内性器は男性エプロンで排尿・精子・射精、女性エプロンでは卵子・排卵・月経・受精・妊娠・出産等を説明しています。また、外性器の説明では大きな模型がとても役立っています。

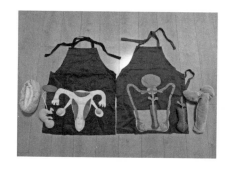

　男性のからだの学びでは、ペニスの3つの働きを聞くと、「尿」は出てきますが、「精子」は少なく、「さわって気持ちのよいところ」については、小さい時にさわっていて怒られた経験から「さわってはいけません」という声があがります。「時と場所を選んで、さわって気持ちよくなってください」と言うとびっくりされます。「夢精」をおねしょと思っている人も多く、「出ているのは精子で命のもとです。からだが大人になった証拠です」と話をするとホッとされます。学びがないと自己肯定感も低くなります。セルフプレジャー（自慰）を学び、できるようになった男子学生が「イライラし

ていた自分が、落ち着いたのがわかる。
ぽぽろスクエアに来て良かった！」と、
話してくれました。

　女性のからだの学びでは、男女とも
に女性の性器の名前を知りません。月
経の話は、女子学生に「月経の時や月
経前のからだはどうですか？」と聞く
と、「お腹が痛い」「頭が痛い」「しんど
い」「イライラする」等の言葉がポンポ
ン出て、男子学生は圧倒されます。し

かし、「女の子は大変やな〜」と気づ
き、やさしくしたいという気持ちをも
つ人が多いです。女性のからだを学ぶ
男子学生の集中度は〝知りたかったん
や！〞オーラが満載で、学ぶことで落
ち着いた学生もいました。

　私が大切にしていることは、男女が
一緒に学ぶことです。そのことでお互
いを思いやる心が育っています。

▲これが男子の実態、知りた
い気持ちです

＊エプロンシアターや外性器の模型は、福井市のさくらハウス事業所で作って
　います。

大阪　ぽぽろスクエア
千住真理子（せんじゅう　まりこ）

第4章
距離感ではなくふれあいを

「知的障害や発達障害の人は、どうしても人と人との『距離感』が
わからないようですが、どうすればよいでしょうか?」という質問
をしばしば受けます。今回は、この問いを考えてみます。別府哲さ
んの著書[1]の「ふれあうこと、安心できること」の章は「腕一本、
離れなさい」という小見出しで始まるのですが、この章へのオマー
ジュを込めて、あえて同じ小見出しで書き始めます。

腕一本、離れなさい

おそらく、冒頭の質問を受けたどこかの「専門家」が、「発達障害
の人には具体的に伝えてあげることが大切だよ。だから、距離感が
わからないなら、『腕一本、離れなさい』とか、『1m離れなさい』
とか、具体的に伝えてあげることが大切だよ!」と回答したという
ことがあったのではないかと推測しています。その結果、この「腕
一本、離れなさい」などの機械的に距離感を叩き込む指導は、驚く
ほど、全国の特別支援教育現場に蔓延しています。

ある特別支援学校が、県教委の研究指定を受けてとりくんだ「性
に関する指導・支援」の実践研究をまとめた書籍[2]があります。こ
の本では、「相手がだれでも、腕1本分の『あいだ』(距離)をとる

ことが大事です！」とし、身近な人であっても腕1本分の「あいだ」を超えることを禁止しています。こういった指導が、妥当であるかのように流布されている現状に、強い危惧をもっています。

第1章で紹介した1999年の「性の権利宣言」には、「セクシュアリティが充分に発達するためには、ふれあうことへの欲求が満たされる必要がある」とあります。つまり、ふれあうことへの欲求を満たさずに、機械的に距離をとらせる指導は、セクシュアリティの発達を阻害する、極めて危険な指導であるということを認識する必要があります。

異性とは腕一本!?

さきほどの「相手がだれでも」は極端と思われる人でも、「異性とは腕一本離れなさい」はやむを得ないと思われる人もいるのではないでしょうか。すでに性別二元論や異性愛主義が問題であることはお伝えしましたが、こういった根強い価値観と重なり、「異性とは腕一本離れなさい」は本当によく聞きます。

学校で「異性とは腕一本離れなさい」を教え込まれ、「こだわり」になってしまった自閉症の青年がいました。この青年は、通勤電車に乗れず、せっかく決まった就労先に通えず、就労を断念せざるを得なくなったそうです。「異性が腕一本以内に入ってはいけない」というこだわりを植え付けられた自閉症の人たちは、社会生活上の困難も強いられるのです。

このように育てられた青年が異性愛者なら、好きな人ができたときに、どれだけ苦しい思いをするかは想像にかたくありません。別府さんの著書でも紹介されていますが、当事者の悩みやねがいをべ

ースに脚本をつくっている岐阜の劇団ドキドキわくわくの「こえる
よ　今を！」という作品では、「腕一本」と指導されてきた青年の苦
悩がていねいに描かれています。

遅れてくる愛着形成期

　ここで、発達障害研究で有名な杉山登志郎さんに、ライターで広
範性発達障害の娘さんをもつ親でもある山口かこさんがインタビュ
ーされたものをまとめた文章[3]を引用します。

　　山口さん（以下：山）：多動は小学校高学年には落ち着くって言いま
　　すよね。愛着も小学生になると出てくるということですか？
　　杉山さん（以下：杉）：はい。愛着は小学生年代から深くなるから、
　　その頃には、とにかくスキンシップをたくさんとるようにお願いし
　　ています。
　　山：愛着が出てくる頃にはスキンシップが重要なんですね？
　　杉：はい、そこでちゃんとスキンシップをとって、愛着がきちんと
　　できあがらないと、子どもが親の期待に沿いたいという気持ちにな
　　らないんですよ。
　　山：親の気持ちに沿いたいという想いがあれば、親や大人の助言も
　　きこうとするし、ふんばりもききますものね。でも、良かったです。
　　定型発達のお子さんと、ちょっと時期はずれるけど、必ず愛着が出
　　来る時は来るということがわかって。
　　杉：ちょっとじゃなくて、かなりズレるんだけどね（笑）。だって、
　　２歳代でクリアする課題が、８歳、９歳、10歳になるってことは、
　　６、７年後ろにずれこむわけです。

そもそも自閉症の人たちには愛着形成期はやってこないという誤解をしている人も少なくないようですが、この対話を通して杉山さんが明確に言っていることは、「やってこない」のではなく、「遅れてやってくる」ということです。加えて言うと、この対話は、いわゆる高機能（知的な遅れのない）自閉症児を想定しておこなわれていますので、ここに知的な遅れが加わると、「6、7年後ろ」は、さらにもう少し後ろにずれ込むことも想定されます。そうすると、二次性徴が見られる思春期とほぼ同じタイミングで愛着形成期がやってくることもしばしばです。小学校高学年や中学生くらいになり、今まで、ほとんど人に関心を寄せなかった自閉症児が急に人にベタベタとふれあいを求めるようになるという例は、この年代の子を支援している専門職であれば、ほとんどの人が経験しているのではないでしょうか。

　この点に関連して重要な部分を、別府さんの著書からも引用します。別府さんは、「心の支えとなる人とは、心理学でアタッチメント（attachment）対象と呼ばれるものです。心の支えとなる人の形成は、障害をもたない子においては、生後10ヵ月から1歳ころに可能になります。心の支えとなる人が形成されると子どもは、不安や不快なときにそこから逃げるのでなく、不安に立ち向かう姿を見せるようになります」ということをおさえた上で、「自閉スペクトラム症児が、知的には9歳すぎの力がありつつ、人との関係性では、障害のない子どもが10ヵ月から1歳くらいに形成するもの（心の支えとなる人の形成）をその時期に初めて獲得する可能性を示しています。そして、これが自閉スペクトラム症児が思春期に突然スキンシップを求める理由の一つではないか」と述べています。

　別府さんは、さらに、「そのため、身体的なふれあいは、関わる側

が認めることのできる形でどんどん行ってほしい」「授業でも、ふれあいの文化であるフォークダンスを意図的に組み込み、いろんな人と身体をふれあう楽しさを経験できるように」と続けます。この点は、まったく同感です。

　つまり、少なくとも自閉（スペクトラム）症児の場合、思春期頃に愛着形成期を迎えることがあり、このタイミングでこそ、十分なふれあいを保障すべきであるということです。このことを知っていれば、個別の指導計画に、安易に「腕一本離れるようにする」と書き込むことはなくなるのではないでしょうか。

「虹の輪」の限界

　「腕一本」や「１ｍ以上」は、単に距離感を叩き込むことが目的ではなく、性被害の防止が目的であると考えている人もいらっしゃるかもしれません。1960年代から知的障害児の性教育にとりくみ、この分野の礎を築いた人で、北沢杏子さんという人がいらっしゃいます。私や私の先輩たちは、多くのことを北沢さんの実践から学びましたが、その１つに「虹の輪」4)と呼ばれるものがあります。

　「わたし」を中心とし、色分けされた同心円に「紫：抱き合ってもいい関係の人」「青：握手する関係の人」「緑：手をふる関係の人」「黄：軽くあいさつする関係の人」「赤：口をきいてはいけない関係の人」と記し、対人関係とそれぞれの距離感を、色分けを通して学習しようというものです。比較的早い時期から知的障害児の性教育にとりくんでいる人にはおなじみの実践かと思いますし、多少アレンジされた同様の実践を見聞きされた人も多いかと思います。

　ここでは「口をきいてはいけない人」と表現されていますが、「見

知らぬ人」と一定の距離をおくことが性被害の防止につながるという考え方は、北沢さんが活躍されていた時代には妥当だったのだと思います。しかし、第1章でも述べたように、現在では、これが性被害の防止という点で十分であるとは考えられません。なぜならば、性犯罪・性暴力の加害者は、必ずしも「見知らぬ人」ではないからです。残念なことですが、むしろ、よく「見知った人」が加害者であるというケースが圧倒的に多いということは、すでにみなさんが認識されていることかと思います。

　だからといって、性被害の防止のために、すべての人と距離を置きなさいという指導は現実的ではありません。そもそも、このように、人間に対する基本的不信感を植え付けることが子どもの発達にとってよいこととは考えられません。

性被害防止の前段階

　では、性被害の防止のためにはどのような支援が必要なのでしょう。第3章で紹介した『あっ！　そうなんだ！　性と生』の解説編には「性被害防止のポイント」として、「『性被害の防止』は徹底してとりくむべきテーマです。このテーマで問われることは、いやな行為には『いや！』と意思表示できる力を育むことにあります。口・胸・性器・肛門・おしりなどに限定せず、からだ全体がほかの人に勝手にさわらせてはいけないということを教えることが必要で、いやなタッチには『いや！』を言えるようにトレーニングしておくことが大切です。そのためには『ここちよいタッチ』がどのようなもので、『いやなタッチ』と感覚的に区分できる能力を育むことが求められます」[5]とあります。

つまり、いやだと言うためには、いやだと感じなくてはいけないということです。いやだと感じるということは「不快」がわかるということですが、「不快」という感覚は、「快」という感覚がわかってはじめて弁別できるものです。「快」の感覚を育むのは、言うまでもなく、「ふれあい」です。ということは、ふれあいを禁止する教育は、けっして性被害防止に役立たないどころか、むしろ、逆効果であるとも考えられます。

　余談ですが、性被害防止の時だけ、「いやだと言う」を伝えても、子どもたちは納得できるのでしょうか？　「いやだと言っても、先生は『もっとがんばりなさい』しか言わないじゃん！」という子どもの声が聞こえてきます。少なくとも、私は、「いやだ」というサインを発している子どもたちに「もっとがんばりなさい」と平気で言う教師でしたので…。

ふれあいの文化の教育的保障

　今回述べてきたことの結論は、「スキンシップが必要な子ども・若者には、しっかりスキンシップを保障すること」です。とはいえ、スキンシップはいつでもだれでも保障できるとは限りません。

　そこで、学校の先生方や放課後等デイサービスのスタッフのみなさんにお願いしているのは「ふれあいの文化の教育的保障」です。別府さんが示していた、フォークダンスもそのひとつです。

　ほかにも、ふれあいのあるゲームなどはたくさんあります。そんななかで冬埜陽向さんの「さいころゲーム」という実践[6]は秀逸です。いろいろなアレンジが可能ですが、たとえば「あくしゅをする」「ハイタッチをする」「頭をなでなでする」「ハグをする」などをさい

ころの目にして、ころがして出た目に書いてあることをするという
ものです。となりの人とする、相手を指名するなどのアレンジも可
能ですし、実際にふれあいをする前に「○○してもいいですか？」
「いいですよ」といったやりとりを入れると「同意」の学習にもなり
ます。「いやな時はいやだといってよい」の学習も可能ですし、「○
○はいやだけど、△△ならいいよ」というコミュニケーションの取
り方も学べます。

　人と人の距離は「その二人が心地よい」のであれば、それでOK
です。機械的な距離感ではなく、適切なふれあいをたくさん保障し、
「ふれあうことへの欲求」を十分に満たすことが、セクシュアリティ
の発達につながります。

１）別府哲（2019）『自閉スペクトラム症児者の心の理解』全国障害者問題研究会出版
　　部.
２）松浦賢長編著（2018）『子どもが変わる　保護者が変わる　ワークシートから始め
　　る特別支援教育のための性教育』ジアース教育新社.
３）山口かこ（2016）『娘が発達障害と診断されて…　母親やめてもいいですか』文春
　　文庫.
４）北沢杏子（1996）『知的ハンディをもつ人びとへの性教育・エイズ教育』アーニ出
　　版.
５）浅井春夫・安達倭雅子・北山ひと美・ほか編（2014）『あっ！　そうなんだ！　性
　　と生―幼児・小学生そしておとなへ』エイデル研究所.
６）冬埜陽向（2013）「さいころゲーム」『季刊セクシュアリティ』（60）、70-79.

第5章 ふれあいの実践に学ぶ

　第4章では、「ふれあいの文化の教育的保障」が大切であることを強調しました。心地よいふれあいを経験できる文化はさまざまなものがありますが、その一つに「社交ダンス」が挙げられます。異性とペアになって緊密な距離感で踊る社交ダンスは、「異性とは腕一本離れる」の呪縛を背負わされている若者たちには、けっして容易なものではありません。

社交ダンスの実践より

　椿さと子さんは、性教協が責任編集をしている雑誌『季刊セクシュアリティ』の第60号に掲載した社交ダンス「Shall We Dance?」の実践報告[1] のなかで、以下のように述べています。

　　子どもたちの日頃の言動から、異性を異性として強く意識し関心をもっていることが伺えます。社交ダンスは、こうした「異性とかかわりをもちたい」という青年らしい要求に応えるものであり、相手のことを思いやりながら楽しくかかわることのできる文化です。異性とのかかわりに関する指導というと、ともすれば、「女の人に触ってはいけません」とか、「プライベートゾーンに触らせてはいけま

せん」など、禁止に終始してしまいがちです。しかし、社交ダンスは、こうした異性との距離感について、直接かかわりながら自然に学ぶことのできる貴重な教材です。また、その取組を文化祭のステージ発表につなげることで、学年集団としてのまとまりをさらに強くするねらいもありました。

　この実践は、学校祭のステージ発表の練習に留まらず、身体接触のロールプレイ、ペアを決めるための告白体験、そして、「ふれあいの文化」の保障など、青年期教育に欠かすことのできない要素がふんだんに盛り込まれています。椿さんは、この実践を通し、「安心できる形でのスキンシップが保障された」ことで、「破壊的な行動障害」のある子も含む不安定な子どもたちの「情緒が安定した」と振り返っています。

　学校の先生方からよく聞かれる悩みに「性教育をしたいけど、そのための時間を確保できない」ということがあります。「性教育」という看板を掲げて時間確保することはむずかしくても、この実践のように、元々教育課程に位置づいている何らかの時間に、セクシュアリティ教育の要素を盛り込んでいくということであれば、実現できる学校もあるのではないでしょうか。

高等部１年目からの積み上げ

　椿さんの「Shall We Dance?」の実践は高等部２年生におこなわれたものですが、椿さんは、この学年の１年生のときの様子も綴られています。学ぶところが多いので、少し長く引用します。

障害の重い子でも、高校生ともなれば異性に強い関心をもち、そ
れは時として性的な行動として現れます。ましてや、障害の軽い子
たちともなれば、話題の中心は異性のこと、性に関する悩みも課題
も多岐にわたります。教師間でよく話題になるのも、男女の距離感
や身体接触、自慰、恋の話、携帯電話をめぐる問題などでした。こ
うした実態から、私は、高等部教育では早期から性教育に取り組む
ことで、性に関して正しい知識をもち、悩んだり困ったりしたとき
に相談できる人間関係をつくっておく必要性があると考えていまし
た。**性の問題を発達の姿と大らかに受け止めてくれる大人がいるこ
とを子どもたちに知ってほしい**という思いもありました。

　そこで１学年から、３年間を見通した取組として学年全員一緒に
性教育の授業を行うことにしました。（中略）性教育の授業では、驚
いた顔、真剣な顔、はにかんだ笑顔等、子どもたちは様々な表情を
見せてくれました。しかし私は、**子どもたちより、授業づくりを通
して教師自身の子どもに向き合う姿勢の変化の方が大きかった**と思
っています。**"性について子どもたちがどこまでわかっているのかわ
かっている"ことや"授業できちんと教えている"という確信があ
れば、いたずらに心配したり禁止に終始したりする必要がないから**
です。

　夏休みから交際を始めたカップルは、**下校バスに乗る前に毎日熱
いハグをしていました。その行為に教師たちはビックリしましたが、
「いけません」とは言わずに温かく見守っていました。**その一方で性
教育の授業で、周囲の人はどう思っているのだろうかと客観的な目
をもてるような内容を考えることもしました。ともあれ、校内での
二人の熱々ぶりもほどなく沈静化し、ケンカを繰り返しながらもい
い関係を維持していることが、相手の女の子の話で伝わってきま

した。

　大人が大らかであることで、子どもたちもまた、恋の話も隠さず
気軽に話してくれる素直さを失うことはありません。そして、性教
育の実践も含めた１年間の取組の中で、子どもたちは様々な葛藤を
乗り越え、次第に学年集団として育っていきました。

　発達保障をめざす実践では、「問題行動」にはカギカッコをつけ、
問題ととらえるのではなく、発達要求の現れととらえることを大切
にしてきました。太字にした部分の最初と最後に書かれているよう
に、子どもたちの行動を「問題」ではなく「発達の姿」ととらえ、
大らかに受け止めること、これが発達保障的セクシュアリティ教育
実践の第一歩であるように思えます。

　私が、この実践報告で最もスゴイと思っているのは、熱いハグを
しているカップルを「温かく見守った」という部分です。ここまで
大らかであれる先生方のセクシュアリティのゆたかさにまず敬服し
ます。そして何より大事なのは、「見守る」だけで終わらせたのでは
なく、この場面を材料に、授業で、一方的におとなの価値観を押し
付けるのではなく、「考えること」を大切にしたということです。

　第３章のプライベートゾーンのところでも述べましたが、セク
シュアリティ教育（に限らないかもしれませんが）において大切にし
たいことのひとつに「ダメダメ」を言わない、つまり、禁止の言葉
掛けを避けるということがあります。「言うは易く行うは難し」です
が、「きちんと教えた」という確信が禁止を不要にさせたという言葉
は力強いです。ここまで教師自身の子どもに向き合う姿勢が変わっ
たということも、実践があってこそのことかと思います。

バッシング時代を超えて

　この実践報告が掲載された『季刊セクシュアリティ』の第60号は、2013年に発刊されました。この時は、まだ、性教育バッシングへの懸念が強く、学校の先生が実践報告をする際にはペンネームで書くことを原則にしていました。椿さと子さんのお名前もペンネームです。しかし、それから6年、まだまだバッシングの危険が完全に払拭されたわけではありませんが、染矢明日香さんのNPO法人ピルコン[2]のとりくみや福田和子さんの「#なんでないのプロジェクト」[3]などに見られるように、包括的なセクシュアリティ教育を進めてほしいという前向きな世論は確実に強まっています。

　2019年、「椿さと子」のペンネームを使っていた岡野さえ子さんが、実名で、この実践に若干の加除修正をおこなった報告を掲載した書籍[4]が出版されました。また、新たに、高等部3年生に向けた「性交・避妊・性感染症」についての実践報告[5]も書き下ろしています。その内容もさることながら、「実名で性教育実践を公刊できるようになった」ということは、非常に大きな励みです。

「恋愛・人との関わり」の実践研究の到達点

　『季刊セクシュアリティ』の第60号には、「Shall We Dance?」のほか、第4章で示した岐阜の劇団ドキドキわくわくのとりくみや「さいころゲーム」が紹介されています。永野佑子さんは、この3つの実践の解説[6]として、以下のようにまとめられています。

12年夏の全障研大会（引用者注：広島でおこなわれた全国障害者問題研究会第46回全国大会の第44分科会「障害のある人の性と生」のこと）で、「恋愛・人間関係の性」について、私たちは１つの到達点に達しました。木全論文（引用者注：木全和巳（2013）「機能障害のある人たちと性と生の〈まなび〉の課題」『季刊セクシュアリティ』（60）、20-33.）にも書かれていますが、「ふれあいの文化」の教育的な保障が「過度な性的接触」を解消していく方法になりゆくということです。障害青年たちの多くは、他者への基本的信頼感と安心感の獲得の欠如から何らかの愛着形成の不全を抱えています。こうした青年たちに「ふれあいの文化」の保障を通して自分を大切にし、相手も尊重できる人間関係を育てることができると確認できたのです。障害のある人（だけではありませんが）には、学校や作業所・諸施設などで、フォークダンスなど安心して公然とふれあう文化を保障することで、豊かな人間関係が育つということです。今後、日本中の障害者施設で楽しい「ふれあいの文化」が保障されるようになってほしいと切に願います。

　私個人としては、フォークダンスと言えば「オクラホマミキサー」を真っ先に思い出します。ところが、大学生たちに話を聞くと、「オクラホマミキサー」は一度も踊ったことがない人が増えているようです。まずは、こういったすてきなふれあいの文化を学校教育に取り戻すことから始めなくてはならないのかもしれません。

1）椿さと子「青春真っ盛り！『Shall We Dance?』で開く17歳のこころ」『季刊セクシュアリティ』（60）、80-89.

2）NPO法人ピルコンは、「正しい性の知識と判断力を育む支援により、これからの世代が自分らしく生き、豊かな人間関係を築ける社会の実現を目指す非営利団体」で、「医療従事者などの専門家の協力を得ながら、中高生向け、保護者向けの性教育講演や、性の健康に関する啓発活動を行って」います。くわしくは、https://pilcon.org/ をご参照ください。

3）＃なんでないのプロジェクトは、福田和子さんがスウェーデンに留学した際に、日本では避妊法の選択肢や性教育が不足しており、性の健康を守れないことに気づき、始めたとりくみです。くわしくは、https://www.nandenaino.com/ をご参照ください。

4）三木裕和・越野和之・障害児教育の教育目標・教育評価研究会編著（2019）『自閉症児・発達障害児の教育目標・教育評価1』クリエイツかもがわ.

5）岡野さえ子（2019）「性交・避妊・性感染症〜高等部3年生に贈る性教育の最終章〜」『季刊セクシュアリティ』（90）、86-95.

6）永野佑子（2013）「『恋愛・人との関わり』編の解説」『季刊セクシュアリティ』（60）、100-103.

第6章 マスターベーション

　㈱TENGAがおこなった「マスターベーション世界調査」[1]によると、日本人男性の96％、女性の58％がマスターベーションを経験しているそうです。しかし、学校でマスターベーションについて教わった人はわずか12％にとどまっており、これは調査対象の18ヵ国のなかでロシアと並んで最下位とのことです。

　自慰、オナニー、ひとりエッチなどさまざまな言葉があり、最近は「セルフ・プレジャー」を推す声も強いですが、ここでは、「マスターベーション」に統一して話を進めます。

マスターベーションの権利

　第1章で1999年に世界性科学会議が採択した「性の権利宣言」を紹介しましたが、ここに「（性の権利は）私たちが自分自身の身体をコントロールし、楽しむ権利をも意味する」とあります。つまり、マスターベーションをすることは、私たちの大切な「権利」であるということです。しかし、いまだに、マスターベーションを「問題行動」ととらえている人も少なくありません。人前でしてしまう、うまく後始末ができないなど、問題になることはありますが、それは適切な場所や方法を教えていないということであって、マスター

ベーションそのものが問題なわけではありません。

　むしろ、きちんとマスターベーションができることは性的自立の第一歩であり、きちんとマスターベーションができる力を養うことはセクシュアリティ教育の第一歩と言われます。では、なぜ、ここまでマスターベーションを重要視するべきなのかを考えていきましょう。

マスターベーションの役割

　日本福祉大学の木全和巳[2]さんは、マスターベーションの役割を、①セルフ・プレジャー（自己娯楽）、②セルフ・コントロール（自己制御）、③セルフ・ディスカバリー（自己発見）、④セルフ・プライバシー（自己秘密）の４点に整理しました。マスターベーションは、①自分のからだを自分で使って楽しむ行為で、②性欲を含む自己コントロールの力を身に付けることができるという役割があります。また、マスターベーションの際には性的なファンタジーを利用するので、③自己の性的な好みや傾向を知る自己発見の役割もあり、同時に、④「ひとりになる力」「秘密をもつ力」を身に付ける契機にもなるということです。

　障害のある子のマスターベーションを強く禁止する保護者・支援者は少なくありません。マスターベーション禁止の環境で育ったAさんは、かなりのストレスをため込み、さまざまなしんどさを「問題行動」で表現していましたが、ショートステイを利用し、ショートステイ先ではマスターベーションOKとしたところ、その「問題行動」のほとんどが消失しました。Bさんは、強度行動障害と言われる状態にまで至ったそうですが、ケアホームに入り、個室が保障

され、マスターベーションができる環境に置かれたら、パタリと行動障害がおさまったそうです。

　こういった事例を聞くたびに、マスターベーションが、いかに「偉大」な行為であるかに気づかされます。『みんなのねがい』で2015年から３年間連載されていたおがわ・フランソワさんの漫画は、15歳のしょうちゃんが布団のなかでごそごそとマスターベーションをしているシーンから始まりました[3]。58ページに転載させていただきましたが、この「ごめん、邪魔して…」とそっと布団を掛けてあげたお母さんの対応はすてきですね。

性的な自己実現への道

　冒頭で紹介した調査を実施した㈱TENGAは、「世界中の人々の性生活を豊かにし、人を幸せにする」をミッションにしています。そのなかで「性にまつわる悩みや問題を解決することを目的に生まれた」TENGAヘルスケア[4]という会社があり、取締役である佐藤雅信さんは、マスターベーションの役割を階層的にとらえ、性的な自己実現（セクシュアルウェルネス）への道と表現しています。

　佐藤さん[5]は、59ページの図を示しながら、「低次のものから順に、

セルフケア＝性欲の発散、解消、リラクゼーションとしてのマスターベーション

セルフ・プレジャー＝楽しみ、快楽、娯楽、としてのマスターベーション

そしてセルフエクスプロレーション＝自己探求としてのマスターベーションです。

58

図　マスターベーションの３つの段階を通じてセクシュアルウェルネスへ

　　マスターベーションを通じて自己探求をすることが性的な自己実現につながります。つまりマスターベーションとは、自分一人だけでできるセクシュアルウェルネスの実現だと考えます」と説明されています。

　　さらに、佐藤さんの報告から引用します。「TENGA が生まれた頃、性を楽しむために使う道具＝アダルトグッズと言えば非常に卑猥でいやらしさを惹起（じゃっき）するデザインが主流で、機能性としても一般的な製品の基準ではあり得ないような低品質なものが氾濫していました。TENGA はそこに一般的なモノづくりの基準を持ち込み、高品質かつ手に取りやすい価格を実現してきました」とのことです。こうして誕生したのが、男性用製品「TENGA」と女性用製品「iroha」です。くわしい商品の説明は、同社の HP をご覧いただければと思いますが、マスターベーションを楽しむための道具は着実に進歩し、「おとなのおもちゃ」と呼ばれていたものの卑猥なイメージからは脱却できる段階にあることはおさえたいです。特に女性用製品は、膣

に挿入して使うものにも関わらず、材質に配慮がなかったという大問題が解消された点は重要です。また、TENGAヘルスケアによって、性機能の改善を意図した使用方法も提唱されたり、手の不自由な人がTENGAやirohaを使用する際の自助具が開発されたりしています。

適切なマスターベーションって？

　では、「適切なマスターベーション」を、教育の場面で、積極的に伝えていくにはどうしたらよいでしょうか。

　どんな性的ファンタジーを描き、自分のからだのどの部分にどのようにふれるのが「気持ちいい」かは、人それぞれですので、ひとつの正しい方法はありません。性器などにふれるので「一人になれる場所で」、性器は繊細な器官なので「やさしく扱う」、そして、男性は「精液の始末をきちんとする」、共通して伝えなくてはならないのは、この３点です。

　俗に「床オナ（床にこすりつけるオナニー）」と呼ばれる方法があります。床や机の角などにペニスやクリトリスをこすりつけるマスターベーションは、「やさしく扱う」という点に合わないということは強調しておきたいです。単純に性器を傷つけるおそれもありますし、男性の場合、硬いものでの刺激に慣れてしまうと膣の感触では射精できなくなるという「膣内射精障害」という男性不妊の原因につながるおそれがあります。

　むずかしいのが、マスターベーションの「終わりどころ」です。男性の場合は、基本的には射精です。射精に恐怖心をもってしまう人もいますので、射精することは健康なからだのはたらきであるこ

とはしっかり伝えておきたいです。女性の場合は、「最高に気持ちよくなったとき」などいろいろな表現がされますが、個人の感覚のちがいが大きい部分です。ここは、「ガールズトーク」で経験談を語り合うのがよいのではないでしょうか。

アダルトビデオは集団視聴を！

マスターベーションの際に性的なファンタジーを抱くのに、アダルトビデオを活用する人は少なくありません。アダルトビデオの諸問題には踏み込みませんが、アダルトビデオは「フィクションである」ということの理解が重要です。

セクシュアリティ教育後進国である日本では、アダルトビデオがセックスの教科書になっていると言われます。フィクションを教科書にされてはたまったものではありません。フィクションをフィクションと理解するためには、仲間や支援者との語り合いが有効です。集団で視聴して、「これはウソだよね」とか、「これはホントにやっちゃまずいよね！」とか、こんなことを語り合える場面をつくることをおすすめしています。

男子の必修科目、女子の選択科目？

マスターベーションは「男子は必修科目、女子は選択科目」ということを長年性教育にとりくんできた先輩たちがよく言っていました。私が学生にこの言葉を伝えたら、ゼミの女子学生からこっぴどく叱られました。「女子にも必修科目にしろ！」ということですね。

講演会などでマスターベーションの話をすると、女の子の親御さ

んから「ウチは女の子だから関係ない」という反応があります。マスターベーションは男性のものという意識は根強いですが、そんなことはありません。マスターベーションをする・しないは、個人の自由ですが、女性だから教えなくてもよいということはないはずです。むしろ、「関係ない」という偏見を乗り越えるためにも、女性が自分のからだをしっかりと知り、性の主人公であるためにも、積極的に伝えていく必要があるのではないでしょうか。

1）TENGA（2018）「月刊TENGA Vol.1_1『マスターベーション世界調査』結果発表 〜日本の性生活満足度、世界最下位〜マスターベーション世界調査」より（https://www.tenga.co.jp/topics/2018/05/28/6295/、2020.3.13）
2）木全和巳（2006）「障害のある人たちの性と人権」"人間と性"教育研究協議会編『人間発達と性を育む―障害児・者と性』大月書店、17-31.
3）おがわ・フランソワ（2018）『しょうちゃんきままな子育て日記』全国障害者問題研究会出版部.
4）TENGAヘルスケア社が運営する中高生向け性教育サイト「セイシル」（https://seicil.com/）は、子どもたちが本当に必要としている情報がわかりやすくまとめられています。
5）佐藤雅信（2019）「マスターベーションの価値と支援」『季刊セクシュアリティ』（90）、122-127.

第7章
恋愛・結婚などの権利と学び

　第2章では、障害者権利条約第24条（教育）の冒頭を紹介しましたが、この章では、1つ前の第23条の冒頭を確認したいと思います。第23条は、障害者権利条約のなかでも、とくにセクシュアリティとの関連が強いのですが、私たちが参考にしている日本語訳（ここでは政府公定訳を使用します）では、本来の意味がきちんと伝わらないという面があります。

　第23条（家庭及び家族の尊重）
　　締約国は、他の者との平等を基礎として、婚姻、家族、親子関係及び個人的な関係に係る全ての事項に関し、障害者に対する差別を撤廃するための効果的かつ適当な措置をとる。

　このなかには、英語原文の意味が正確に伝わらないと思われる訳語が2つあります。1つ目は「親子関係」です。原文は"parenthood"で、文脈によっては「親子関係」と訳す場合もありますが、一般的な訳語は「親であること」です。「親子関係に係る差別を撤廃する」と「親であることに係る差別を撤廃する」では、だいぶ意味が異なりますが、この部分の本来の意味するところは後者です。つまり、親になること、そして、親であり続けることについての差別は撤廃

するべきと言っているのです。

　２つ目は「個人的な関係」で、原文は"relationships"です。人間関係とか関係性とか訳される単語ですが、性的な関係を含む「恋愛関係」という意味ももちます。日本語でも、恋人関係になることや性的な関係になることを単に「関係をもつ」と表現することがありますが、このニュアンスの単語です。「個人的な関係」というぼかした訳語を使うよりも、明確に「恋愛関係」とした方が自然です。

　したがって、この条文の本来の意味は、結婚、家族、親になること、恋愛することに係るすべてのことについての障害者に対する差別を撤廃せよということになります。恋愛をし、結婚し、親になり、家族を築くことは、当然の権利ですので、障害による差別は許されません。しかし、この点に関する差別的な状況は、この社会ではめずらしいものではありません。政府がparenthoodやrelationshipsにわざわざ本来の意味を逸らすような日本語をあてたことも、障害者が恋愛をしたり、子どもをもったりしてはいけないという差別的な考えの表れなのかもしれません。

　ちなみに、この後に、「差別を撤廃するための効果的かつ適当な措置」の具体例が３つ書かれていますが、それは、第12章で深めたいと思います。

恋愛を禁止する特別支援学校

　鳥取大学の三木さんが著書の中で、駆け落ちした高等部生の事例を紹介されています。家族からも、先生からも、交際を禁止された２人が「にげる」とメールを残して駆け落ちをしたというものです。

　三木さんは、このエピソードを受けて、「男女交際を禁止する学校

は実に多い。それは私の想像をはるかに超えていた。ほとんどの学校でなにがしかの制約ルールがある」と述べています[1]。第2章で、「男女交際」という言葉は障害者権利条約にそぐわないということを書きましたが、「おつきあい」を禁止することはさらなる人権侵害であることは明らかです。

　私が以前勤務していた特別支援学校では、「おつきあい」を認めていました。当時は、そんな勤務校は生徒たちの人権上の配慮の行き届いたいい学校だと思っていたのですが、現場を離れて、大学院生や研究者の立場で振り返ってみると、「おつきあいを認める」という言い方のおかしさに気づきました。恋愛をすることは権利ですので、それを、学校の先生が「認める」とか「認めない」とか言ってよいと思っている時点で、すでに人権侵害だったのではないでしょうか。

　三木さんは「制約ルール」と表現していますが、たとえば、「おつきあいはいいけれども、となりに並んで座ってはいけません」というルールはめずらしいものではありません。あるお母さんは、「娘に彼氏ができたとき、部活を取るか、彼氏を取るか、ハッキリしなさい、と先生に迫られた」と言っていました。「学校全体では禁止していなくても、私が担任している学級では、絶対に男女交際は許さない」と自信満々の先生に出会ったこともあります。

　「デート禁止」という制約ルールもあります。「おつきあいはいいけれども、デートはダメだよ」ということです。以前、私のゼミの学生が、特別支援学校出身の学生に特別支援学校在籍中の恋愛事情のインタビュー調査をしたことがあります。そのインタビューで語られたことは「おつきあいしていた人はいたけど、デートしたことはありません」というものでした。もはや意味不明としか言いようがありませんが、特別支援学校が、こんな意味不明な人生を生徒た

ちに歩ませているという現実を突きつけられました。

学習と支援が必要

　障害者権利条約が、恋愛を禁止したり、制限したりすることを差別としていることは明らかですので、こういった状況は是正されなければなりません。しかし、禁止・制限をしないだけでは、権利保障としては不十分です。恋愛をし、結婚し、親になり、家族を築く権利を現実のものにするためには、学習の機会や支援を保障することが必要ではないでしょうか。

　学校をはじめ、障害のある子ども・若者に、教育的なとりくみをする機関は、恋愛のための「学習」を保障する必要があります。結婚すること、家族を築くこと、親であることについての学びも、その延長線上に位置づくものと思います。同時に、障害があるということは、さまざまな場面で「支援」が必要ということでもあり、恋愛・結婚・出産・育児などにおいても例外ではありません。この点は、障害者福祉の役割かと思います。

　全般的に教育や福祉の仕組みを整えることが第一ですが、その上で、各個人が請求する「合理的配慮」を提供することも必要です。障害者権利条約に位置づくものである以上は、この視点もけっして忘れないようにしたいものです。

恋愛の学習

　恋愛の学習を保障する際、どのようなことがテーマになるでしょう。教材紹介のコラムを書いてくれた千住真理子さんの著書[2]に

は、千住さんの豊富な性教育実践に基づく学習指導案が掲載されていますが、「おつきあい」の章には、「好き！　告白」「デートコースを考えよう」「セックス（性交）・妊娠・避妊」「セックス（性交）・中絶・性感染症」「デートDV」「2人で暮らす」と6つの題材が紹介されています。

　「告白」をしてうまくいく場合もあれば、「フラれる」場合もあります。おつきあいが始まったとしても、「別れる」こともあります。人間関係に困難を抱える障害のある若者は、告白も、おつきあいも、そして失恋も、集団での学習が必要となります。こういった学習にはロールプレイを取り入れることが効果的なようです。

　「デートコースを考えよう」の実践をすると、成人した仲間でも、9時集合・17時解散というプランが多いそうです。私が「若者」だったころのデートプランは、「お泊りコース」になるように必死に考えたものですが、障害のある若者からはそんな発想が出てこないようです。理由を尋ねると、「だってヘルパーさんの時間が決まっているから…」とのことです。障害のある若者の恋愛を制限しているのは、制度の問題でもあるようです。

障害者福祉の役割

　「制度の問題」と書きましたが、そもそも、恋愛・結婚・出産・育児などの支援を障害者福祉は担うことができるのでしょうか？　「できるワケないだろっ！」という現場の声も聞こえてきそうですが、いくつか事例を紹介します。

　何度も登場している『季刊セクシュアリティ』の第60号には、グループホームで結婚生活を送る知的障害のある夫婦のインタビュー

が掲載されています³⁾。このインタビューからはグループホームで支援を受けながら円満な夫婦生活を送っている様子が伝わってきます。

同誌第86号には、徳島県の愛育会での結婚や子育ての支援実践が掲載されています⁴⁾。この法人では、「当事者の望む暮らしが『当たり前』にあり、『当事者に求められれば支援する』ことが実際に取り組まれている」と聞きます。そのなかに、恋愛や結婚だけではなく、出産・育児までもが位置づいているそうです。

さらに、同誌第90号には、長崎県の南高愛隣会による、結婚推進室のとりくみも紹介しています⁵⁾。同法人HPによると「①出会い・恋活（婚活）のサポート、②夫婦・パートナー生活の応援、③子育てサポート、④自分磨き・スキルアップの開催」などの支援をおこなっているそうです。

こういったとりくみの存在が証明してくれるのは、「制度の問題」は多かれ少なかれあるにせよ、日本の障害者福祉は、恋愛・結婚・出産・育児などの支援ができないわけではないという事実です。

恋愛至上主義には警戒を

今回は、恋愛などの「権利」について述べてきましたが、「権利」ということは、「してもよい」ことであって、「しなくてはいけない」ことではありません。しかし、障害の有無に関わらず、「恋愛をしなくてはいけない」という思いや、「○○歳までには結婚しなくてはならない」という思いなどをもたされ、それに苦しめられている若者も少なくありません。恋愛を絶対視する考え方を「恋愛至上主義」と言います。

京都教育大学の関口さんは、「人間の基本はカップルではなく『個人』で、恋愛しているから、していない人より優位であるとか、カップルになって結婚をして、子どもを持たなくては幸せになれないということは、まったくない」⁶⁾と「恋愛至上主義」を否定しています。

　恋愛などの学習は、一歩まちがえると恋愛至上主義を強化してしまうこともあります。この点には警戒しつつ、ゆたかな恋愛を支える学び、そして支援の実践を積み上げていきましょう！

１）三木裕和（2014）『障害児教育という名に値するもの』全障研出版部.
２）千住真理子著・伊藤修毅編（2015）『生活をゆたかにする性教育』クリエイツかもがわ.
３）今賀真実（2013）「生活をつくる、自分を生きる」『季刊セクシュアリティ』（60）、8 -19.
４）松尾貴範（2018）「家族になる～出会い・結婚・そして子育て」『季刊セクシュアリティ』（86）、134-142.
５）松村真美（2019）「ふつうの場所でふつうの暮らしを～結婚推進室「ぶ～け」の取り組み～」『季刊セクシュアリティ』（90）、78-84.
６）関口久志（2017）『〔新版〕性の"幸せ"ガイド』エイデル研究所.

第8章
セックスのはなし

　さて、そろそろ、セクシュアリティのど真ん中「セックス（性交）」について、しっかりと述べたいと思います。

高校生らしいおつきあい？

　次の事例は、私自身の体験や相談された事例などの要点をいくつかミックスして、ある高等特別支援学校の先生からの相談事例として"創作"したものです。

　　昨年度、生徒の妊娠事件がありました。女子生徒は、性的に活発な子で、校内外のいろんな男性と性的な関係をもっていたようです。養護教諭が妊娠に気づいた時には、中絶できる期間を過ぎていて、大騒動となりました。

　　出産予定日が12月24日と言われたので、十月十日前は、2月14日。ある男子生徒にチョコをあげ、そのまま遊びに行き、帰りが遅くなり、騒ぎになったのですが、その時に妊娠するような行為があったようです。この2人の関係は、その日だけだったようですが、男子生徒も事実と認めました。

　　それぞれのご家庭と学校で話し合いをもって、結局、2人とも退

学しました。女子生徒の方は、無事に出産したという噂は聞きましたが、その後について、くわしいことはわかりません。

　学校としては、自主退学をしてくれたので、とりあえずは収束したのですが、同じようなことが二度と起こらないように、今年度はしっかり性教育をしようと思っています。高校生なので交際を止めるつもりはないのですが、どうすれば、「高校生らしいおつきあい」がわかってもらえますかね？

　先ほど示したように、この事例は"創作"なのですが、複数の現場の先生方から、「本当にありそう」とか、「結構近いことがあった」という声を頂戴しました。本当にあってはならない事例なのですが、いわゆる「実話を元にしたフィクション」ですので、それなりにリアリティがあるようです。

　さて、「不純異性交遊」という言葉は、すっかり死語になったと認識しているのですが、実はいまだに特別支援学校の先生方からは、この言葉を聞くことが時々あります。まだ「不純異性交遊を慎まなくてはならない」と「生徒心得」などに書かれている特別支援学校もあると聞きます。「高校生らしいおつきあい」という言葉も、意味するところは大差なさそうです。「男らしい、女らしい」と同様に、「○○らしい」という固定的な価値観を押し付ける教育から脱却するということが第一歩なように思えます。

無知と人権侵害

　少しきびしい小見出しをつけました。それほど、この事例は、深刻な人権侵害であり、また、その背景に「おとなの無知」があると

いうことです。

　妊娠を理由とする退学は、言うまでもなく人権侵害です。形式的には、自主退学の形をとっており、双方の保護者がやむを得ないと考えていたとしても、生徒たちからすれば「やめさせられた」ということにはちがいありません。2018年、文部科学省は、妊娠した生徒の対応について、母体保護を最優先とした配慮をおこなうこと、退学処分や事実上の退学勧告をおこなってはいけないこと、さまざまな支援策についての情報提供をおこなうことなどを示した通知を出しています。学校には、この通知に沿った対応が求められます。

　加えて、この事例には、関わったおとなたちの「無知」が横たわっています。妊娠期間は、俗に「十月十日」と言われますが、単純に10ヵ月と10日間でもなければ、性交をした日や受精した日から数え始めるわけでもありません。

　妊娠をすると月経が止まりますが、妊娠前の最後の月経の初日を０日目とします。ここから起算し、０〜６日目を０週目、７〜13日目を１週目とし、０〜３週目が１月目になります。４〜７週目が２月目、８〜11週目が３月目と数え、10月目の終わる翌日（40週０日目）が出産予定日です。つまり、妊娠が成立しているはずもない最終月経の初日から起算して280日間が妊娠期間なのです。月経から排卵までに約２週間あります。この排卵の頃に性交があり、受精し、着床すると妊娠が成立します。

　12月24日が出産予定日であれば、単純計算では３月19日頃が最終月経の初日、４月１日頃に性交があったことになります。しばしば、エイプリルフールにセックスをするとクリスマスイブに出産するという説明をするのは、こういうことです。女性は機械ではありませんので、厳密にこの日付通りということはありませんが、少なくと

も、この妊娠につながる性交が2月14日におこなわれたという推定は確実に誤りです。つまり、この男子生徒が父親という推定も誤りであり、この誤った推定によって退学へ導かれたのであれば、おとなの「無知」がもたらした、大問題です。

なんらかの事情で妊娠を継続できない場合、安全な人工妊娠中絶手術を受けることも女性の権利として確認されてきました。人工妊娠中絶が可能なのは、21週6日目までです。先ほどのエイプリルフールのセックスで妊娠した場合は、ちょうどお盆の頃がリミットということになります。また11週目以前と12週目以降では、手術の方法や手続きが異なります。こういった知識も含め、支援者が、妊娠週数の数え方を正確におさえておかないと、適切な判断がむずかしくなります。

赤ちゃんはどこからきたの？

この質問を子どもにされて、困った経験のある人は少なくないでしょう。何歳になったらセックスを教えてよいか悩まれている人も多いようですが、子どものなかに、この質問が浮かびあがってきたときが、最初にして最大のセクシュアリティ教育のチャンスだと考えています。

『せっくすのえほん』という絵本があります[1]。監修した山本直英さんは「この『せっくすのえほん』は、タイトルからしても、まさに性器と性交と出産という〈人間の性〉の基盤になるものだけを簡明直截に、しかも爽やかに語っている」と述べていますが、その通りの評価ができる貴重な一冊です。作者の水野都喜子さんは、「この絵本をいちばん必要としているのは、陰湿な性のイメージしか持ち

あわせていない大人たちかもしれません。すべての人間は平等であり、かけがえのない生命であると、一人ひとりが再認識しあい、幸福で健康的な人間関係を築きたいものです」と述べています。

　子どもたちが性に対する偏見を植え付けられる前に、セックスを科学的に学習することが大切です。それは、自分自身がどこからきたのかを知ることであり、自分自身を大切な存在と認識するためには欠かせないことでもあります。第3章でも紹介した『あっ！　そうなんだ！　性と生』[2] をはじめ、子どもが学びやすいセクシュアリティ教育用の絵本はたくさん出版されています。

ふれあいのセックス

　セックスは生殖だけの行為ではありません。生殖を目的としない、パートナー間の同意を前提としたコミュニケーションとしての性的なスキンシップを「ふれあいのセックス」と言います。

　村瀬幸浩さんは、著書[3] の中で「恋人となれば、まさに選び選ばれるという相互確認を通じて親密性は深められていく。その親密性のプロセス」として、動物学者のモリスが「単純化しすぎている」としつつ示した「ふれあいの12段階」（78ページの図）を紹介しています。

　村瀬さんは、「この順序については、なにも決まりきったものではないが、二人の関係を考える上で、その許容性の深まりを表すバロメーターのひとつとして参考にしてみてよいのではないだろうか」としています。パートナー間で、同意と安心・安全を確認しながら、少しずつふれあいの段階を進めていくことは人として大切なことであり、また、とてもすてきなことでもあります。

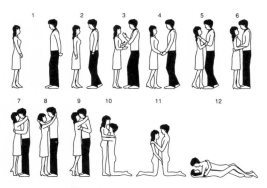

図　ふれあいの12段階

１．目から身体　２．目から目　３．声から声　４．手から手　５．腕から肩　６．腕から腰
７．口から口　８．手から頭　９．手から身体　10．口から胸　11．手から性器　12．性器から性器

（出典：狛潤一ほか『ヒューマン・セクソロジー』子どもの未来社、P95）

より安全なセックスを

　異性間の性器性交だけがセックスではありませんが、異性間の性器性交は妊娠の可能性があります。妊娠を望まないときは、避妊が必要です。避妊のための第一選択は低用量ピルです。日本で低用量ピルが解禁されて20年経ちました。しかし、偏見や誤解もあり普及率は低いままです。処方薬である、つまり病院に行かないと入手できないということも普及の妨げとなっていますが、障害のある人たちの場合、ほかの薬との飲み合わせが気になることも多いかと思いますし、なにより、婦人科医とつながれるということのメリットは大きいです。月経痛の改善などの副効用も期待できますので、低用量ピルを前向きにとらえることが必要です。

　低用量ピルは、正しく服用すれば、ほぼ100％の避妊が可能ですが、STI（性感染症）には無力です。オーラルセックスやアナルセ

ックスを含むすべてのセックスにおいては、STIの予防が必要で、ここではコンドームなどが力を発揮します。低用量ピルで避妊＋コンドームでSTIの予防、このWメソッドが、WHOが奨励する、「より安全なセックス」の方法です。100％安全なセックスはありえません。しかし「交通事故に遭わないためには外を歩くな」的なことを言っても意味はありません。だからこそ、より安全なセックスの方法を学習する必要があるのです。

　いずれにしても、ふれあいのセックスにおいてコンドームはマストアイテムです。コンドームは「正しく」使用することによって安全性が高まります。コンドームは失敗率が高いと言われますが、それは、持ち歩き方が不適切（コンドームはハードケースに入れて持ち歩くのが鉄則です！）だったり、爪をたててしまったりして、ゴムが傷ついてしまったとか、つけ方がそもそもまちがっていたなどの要因が考えられます。とにかく、コンドームを正しく使いこなすには、学習や繰り返しの練習が必須です。82ページのコラムで、千住真理子さんが、コンドーム装着実習用の教材を紹介してくれています。また、80ページには、『みんなのねがい』編集部で編集した『くらしの手帳』という、障害のある青年が「おとなとしてゆたかに生きるため」の教科書として使える書籍[4]に掲載したコンドームのつけ方のイラストを掲載しています。

　「コンドームの達人」と呼ばれる岩室紳也さんという泌尿器科のお医者さんがいらっしゃいます。岩室さんの著書やHPから学べることはとても多いのでぜひ参考にしていただきたいです。手始めに、You Tubeで「コンドームの達人　岩室」と入れて検索すると「コンドームの正しい着け方」という動画が出てきます。この動画は必見です。

　最後に、「緊急避妊用ピル」も知っておいてください。コンドーム
が外れた、破れたなど、想定外に膣内で射精があった場合は、72時
間以内に緊急避妊用ピルを服用することで、望まない妊娠のリスク
が低下します。万が一、レイプされた際にも、このピルの服用が重
要です。これも日本では処方薬ですので、必要な際は、すぐに婦人
科に向かってください。
　障害のある若者にとってなによりも重要なのは、こういった知識
をもつ支援者が、「気軽に相談できる人」として身近に存在している
ことです。

1 ）水野都喜子（2002）『せっくすのえほん』こどもの未来社.
2 ）浅井春夫・安達倭雅子・北山ひと美・ほか編（2014）『あっ！　そうなんだ！　性と生―幼児・小学生そしておとなへ』エイデル研究所.
3 ）村瀬幸浩（2016）「性愛（エロス）のゆくえ―性の関係性を問い直す」狛潤一・佐藤明子・水野哲夫・村瀬幸浩『ヒューマン・セクソロジー』子どもの未来社、89-124.
4 ）『みんなのねがい』編集部（2014）『くらしの手帳―おとなとしてゆたかに生きるために』全国障害者問題研究会出版部.

コラム②

おつきあい

　青年たちの知りたいこと、それは「おつきあい」についてです。おつきあいの学習は、告白練習から始まります。告白をしたら交際スタートと思う人がいますので、"必ず返事をもらうこと！"を強調します。「どういうおつきあいをしたい？」と尋ねると、男性は、「キス」「セックス」があがります。それを聞いて女性はびっくりします。「私はそこまで思わない。いっしょに話をしたい」「いっしょにいたい」という人が多いです。これには男性がびっくりです。男女で気持ちがちがうことを知ることが大切です。

　ですから、「セックスする時は、相手に必ず聞いてね。二人の気持ちがいっしょの時に、場所を考えておこなってね」と伝えています。「セックスにはリスクがあり、それは妊娠と病気です。それを防ぐのはコンドームです。コンドームのない時は、セックスをしないでね」、「コンドームをつけるのを嫌がる人は、あなたのことを大事にしていないよ。好きな人に『イヤ』と言っていいのよ」と話を進めます。性感染症の広がり方を内性器エプロンシアターで考えると、男性は管で広がるのに対し、女性は子宮、卵巣など面で広がります。赤ちゃんを産めなくなるケースもあります。コンドームの大切さが実感されます。

　コンドームの装着練習もします。装着練習用のペニス模型は、ぽぽろスクエアの木工の時間に作りました。コンドームは、メーカーに練習用にと寄附をしてもらっています。コンドームは裏表の見分け方がむずかしく、練習が必要です。女性もつけられるようになろ

▲①大きな模型でコンドームのつけ方を見て

▲②自分で模型につける練習をします

うと言って、みんなでワイワイ言いながら、練習をしています。セックスについて妊娠、避妊、中絶、性感染症などについて学ぶと、彼らは自分を大切にしようとし、そして相手も大切にし、慎重になります。

　セックスのリスクについては、中学生から教えてほしいと考えています。中絶の数は高校生になると急激に増えます。彼らは経験をする前に学ぶとそれを守ります。高等部に進むと恋の花盛り。すてきなおつきあいをして自己肯定感を高めてほしいのです。高等部でも性教育を受けて、社会に出てから働くだけでなく、恋愛もして彩りのある人生を送ってほしいと強く思います。

大阪　ぽぽろスクエア
千住真理子（せんじゅう　まりこ）

第9章
セックスワークと障害者

　セックス（性交）を３つに分類することがあります。「生殖のセックス」「ふれあいのセックス」に加え、利益のセックス、支配のセックス、暴力のセックスなどと言われる「望ましくないセックス」があり、「生殖のセックス」や「ふれあいのセックス」とは区別されるべきという考え方にもとづいてつくられる分類です。今回は、この「３つ目のセックス」から話を始めます。

利益・支配・暴力のセックス

　まず、性教育の大先輩である山本直英さんの書籍[1]から、この「３つ目」についての記述を引用します。

> 　三つめは、性交を「手段」として何らかの見かえりを期待する「利益の性」です。人権を無視した売買春、性（とくに女性の性）を商品化したポルノグラフィーがこれに含まれるのは当然ですが、養ってやっているんだからやらせろ、養ってもらっているからおつとめしてという意識での夫婦関係、相手との関係を続けたいために気がすすまないのに性交してしまう場合なども、きびしい言い方をすれば「利益の性」になります。

1994年の文章ですが、「とくに女性の性」という括弧書きは、商品化される性は女性の性だけではないことを暗に示しています。現在では、女性向け風俗店やトランスジェンダーのセックスワーカーなどの存在も可視化され、商品化される性はすべて女性の性という思い込みは誤りであると言えますが、当時としては卓越した見方だったのではないでしょうか。また、DVやデートDVという言葉が一般化していない時代に、夫婦間でも「3つ目のセックス」があることを示した点も、先見の明と言えます。

　しかし、「人間の性的な感情や行為は、本来極めて多様なものです。（中略）近代社会はその多様な人間の性的な感情や行為を、『正しい性欲・性行為』と『間違った性欲・性行為』に分けました」[2]という指摘もあり、生殖のセックス・ふれあいのセックスを「正しい性行為」、それ以外を「間違った性行為」と単純に分類することには、安易な○×式の性教育に陥らないためにも、慎重である必要がありそうです。

　セクシュアリティ教育において、何らかの「望ましくないセックス」があることはおさえるとしても、何が望ましくないか、特定の価値観を押し付けることは控えなくてはなりません。何を「望ましくない」とするか、考え、判断できるような情報を提供し、集団のなかで議論していくような学習が求められます。

風俗店の利用

　講演などでマスターベーションの重要性を語ると、「自分一人でマスターベーションをするのがむずかしいのですが、風俗を利用させた方がよいでしょうか？」という類いの質問を受けることがありま

す。「自分一人ではむずかしい」の事情はそれぞれですので、一概に答えるのが、なかなかむずかしい質問です。

　「肢体障害により手を自由に使えない」ということであれば、TENGAの活用やホワイトハンズの紹介などをします。ホワイトハンズというのは、坂爪真吾さんが始めた自力での射精がむずかしい男性への射精介助のとりくみです。くわしくは、坂爪さんの著書[3]をお読みいただければと思いますが、このとりくみは一つの回答でもあり、賛否はともかく、重要な問題提起でもあります。

　風俗店の利用を積極的に奨励するセクシュアリティ教育はないと考えています。しかし、「同年齢の市民」が利用できるものを「障害者だから」という理由で妨げることには違和感があります。

風俗店で働くということ

　ここ数年、主に女性で軽度の知的障害者が、風俗産業に搾取されていることが示されています。その例として、2019年5月の毎日新聞の記事を紹介します。

　この記事[4]は、「暴力は最も弱い人に向けられる。しかも性暴力は見えにくい。知的障害や発達障害をもつ女性は、障害の特性につけ込まれて男性の性的な欲求のはけ口にされたり、風俗産業の食い物にされたりする上、被害をうまく訴えられず認められないこともある」と始まります。そして、「『風俗で働く（知的・精神・発達）障害者は少なくない』。風俗業関係者や性暴力被害の支援者は口をそろえる」とし、「風俗スカウトと知らずに街で声をかけられて店で働かされ、給料の大半を搾取されたという訴えや、街で『少し付き合って』と誘われてそのままアダルトビデオの出演を強要されたとい

う相談が典型例」と紹介されています。また、専門家のコメントとして、「知的・発達障害者は、障害があることで疎外され、失敗体験を重ねた結果、自分に自信がない人が多い。風俗の世界で相手が容姿や仕草、行為をほめる真意を理解せずに、自らの存在を認められたと感じる場合も」あることを示しています。

特別支援学校の役割

　この記事は2日間に分けて掲載されました。2日目の記事[5]の冒頭は、特別支援学校高等部で男性教諭から性的な被害を受けた知的障害の女性の話です。この教諭は加害事実を認めたので有罪となりましたが、知的障害者の場合、「被害に遭っていたとしても日時の記憶はあいまいなことが多い。推定無罪の原則で検察側に厳格な立証が求められる中、有罪のハードルは高い」という弁護士のコメントも掲載されています。

　同時に、性教育に尽力する特別支援学校も紹介されています。「同校の女性教諭は『性教育は生き方を教えること。生徒を性犯罪から守るためにも必要だ』と話す。校内に『性教育推進委員会』を作り、性暴力から身を守るすべとして『嫌なことは嫌だと言っていい』『怖いと思ったらその場から逃げていい』『心配なことがあれば相談する』と生徒に指導してきた。『どんな人にも優しくしないといけない』『断って逃げたら失礼だ』と思い込んでいる生徒がいるからだ」とのことです。

　前者のような教員を生み出した特別支援学校もあれば、後者のような特別支援学校もあります。どちらが「めざすべき学校づくり」なのかは、明らかです。

一番安心できる場？

　ある風俗店で働くＡさんの事例です（この事例も、複数の事例を組み合わせた"創作"です）。1996年の流行語大賞で「援助交際」という言葉がトップテン入りしましたが、この時期に中学生だったＡさんは、「援助交際」と呼ばれた売買春を繰り返し、児童自立支援施設に措置されました。退所後、軽度の知的障害があったため、寄宿舎のある特別支援学校高等部に入学しましたが数ヵ月で退学してしまいました。その後の詳細は、不明な点が多いのですが、風俗店のスカウトに声をかけられ現在に至るそうです。このスカウトは、Ａさんがお金の計算に弱いことを利用し、少し多めにキックバックを得ていると言います。客観的には「搾取」ですが、Ａさん自身は、衣食住の整った風俗店が、一番安心できる場となっているそうです。また、生い立ちのなかで培われた「福祉」への抵抗感が強く、生活保護などを利用することは絶対に受け入れないそうです。そんなＡさんが言っていた、「風俗店で出会ったおとなたちは、今まで出会ってきたどんなおとなよりも優しい」という言葉は印象的でした。

　こういった事例を受け、私たちは「セックスワーク」をどのように受け止めていけばよいのでしょうか。

セックスワークの非犯罪化

　障害者が風俗産業に搾取されている現状について、坂爪さんは「各種メディアの貧困報道においても『福祉行政は風俗産業に敗北した』という言葉がもっともらしく流布されている」と指摘します。この

ように思わせる状況は確かに多々あるのですが、勝ち負けの議論に
してしまうことは、建設的ではありません。坂爪さんは激安風俗店
などの分析を通して、風俗店と「ソーシャルワークとの相性は決し
て悪くないはずだ」とも述べています[6]。

　セックスワーカーの健康・安全をめざすとりくみをしているSWASH
の要友紀子さんは、セックスワークについての考え方は「根絶・禁
止」「救済対象」「非犯罪化」に大別できるとしています[7]。

　風俗自体が暴力であり、人権侵害であるので、根絶・禁止すべき
だという意見は、シンプルです。この立場では、性的サービスの提
供を「労働」とみなす「セックスワーク」という言葉も受け入れが
たいかと思います。しかし、セックスワークの根絶・禁止を推進す
ることは、Ａさんのような人々を、社会から完全に排除することに
なってしまいます。

　「性産業を根絶・禁止すべきとまでは考えないし、そこで働く人た
ちも他の労働者と同じように人権が守られるべきだが、色々な事情
や問題を抱えてやむを得ず働いている女性たちを救済するべき」と
いう意見もあります。しかし、この「救済対象」といういわば「上
から目線」の対応がＡさんのような状況に置かれた人々に響かない
ことも現実です。

　最も現実的なのは「非犯罪化」と言われる、「セックスワークそれ
自体が人権侵害なのではなく、労働現場の不安全や、労働者として
の性の健康と権利の侵害が人権侵害なのであり、他の産業と同じよ
うに、労働の場での搾取や性暴力をなくしていくべき」という考え
方です。

　アムネスティ・インターナショナルは、2016年に「非犯罪化を支
持する」方針を示しました。この方針[8]について、「セックスワー

カーの搾取、人身売買、暴力などを犯罪とする法律の廃止ではない。（中略）セックスワークを犯罪化・処罰化する法律や方針を廃止すべきだということだ」と述べ、「非犯罪化というモデルは、セックスワーカーの権利の保護を強化」するとしています。さらに、「私たちの方針は、セックスの買い手の権利についてではない。犯罪化がもたらしかねない人権侵害から、セックスワーカーを保護することがすべてだ。またアムネスティは、買春を人権だとは見ていない。（だが、セックスワーカーには人権があると考える！）はっきりしておきたいのは、いかなるセックスも同意がなければならないということだ。権利としてセックスを要求することは、誰にも許されない」と答えています。

セックスワーカーが安全な世の中

　SWASHがまとめた書籍[9]には、ここに引用したものだけでなく、障害者との関連を含むさまざまな角度からの論考が掲載されていますので、ぜひ参考にしてください。この書籍に、「セックスワーカーが安全な世の中はセックスワーカー以外の人にも安全であることが多い」という言葉が紹介されていました。しばしば「障害のある人たちが安心・安全に暮らせる世の中は、すべての人にとって安心で安全に暮らせる世の中です」と言いますが、「障害者問題」とセックスワーカーの問題には同一の根があるように思えます。だからこそ、「障害のあるセックスワーカー」の安心・安全にも、私たちは目を向けなくてはならないのではないでしょうか。

1）山本直英監修（1994）『心とからだの主人公に―障害児の性教育入門』大月書店.

2）山田創平（2018）「なぜ『性』は語りにくいのか―近代の成り立ちとセックスワーク」SWASH編『セックスワーク・スタディーズ―当事者視点で考える性と労働』日本評論社、62-85.

3）坂爪真吾（2012）『セックス・ヘルパーの尋常ならざる情熱』小学館新書.

4）2019年5月5日付毎日新聞朝刊「追跡：狙われる弱さ／上　障害者、性暴力の標的　いじめ、孤立…居場所なく風俗へ」

5）2019年5月6日付毎日新聞朝刊「追跡：狙われる弱さ／下　性被害、立証の壁　障害者、難しい日時記憶　誘導されやすく」

6）坂爪真吾（2016）『性風俗のいびつな現場』ちくま新書.

7）要友紀子（2018）「誰が問いを立てるのか―セックスワーク問題のリテラシー」SWASH編『セックスワーク・スタディーズ―当事者視点で考える性と労働』日本評論社、30-45.

8）アムネスティ・インターナショナル日本「【Q&A】セックスワーカーの人権を擁護する方針に関して」（https://www.amnesty.or.jp/news/2016/0526_6062.html、2020.3.13.）

9）SWASH編『セックスワーク・スタディーズ―当事者視点で考える性と労働』日本評論社.

第10章
性教育バッシングを乗り越え

あたま　あたま　あたま　の下に
くび　が　あって　かた　が　ある
かた　から　うで　ひじ　また　うで
てくび　が　あって　て　が　あるよ
（もうひとつ！）
むね　に　おっぱい　おなか　に　おへそ
おへそ　の　下に　ワギナ（ペニス）だよ
せなか　は　みえない　せなか　は　ひろい
こし　が　あって　おしり　だよ
ふともも　ひざ　すね　あしくび
かかと　あしのうら　つまさき
（もうひとつ！）
おしまい!!

　これは、都立七生養護学校（現・七生特別支援学校）の先生が作
詞・作曲した「からだうた」の歌詞です。ボディイメージの形成の
むずかしい子どもたちが、おとなとのふれあいを通して、信頼関係
を築きながら、からだの部位を学ぶことのできるとってもすてきな
歌です。この歌の簡単な楽譜や実践時に「大切にしたいこと」は、

七生養護「ここから」裁判刊行委員会編『かがやけ性教育！〜最高裁も認めた「こころとからだの学習」』（つなん出版）に掲載されていますので、ぜひ、ご参照ください。

性教育バッシング

　1980年代終盤、「エイズ・パニック」と呼ばれる状況が発生しました。これを機に、性教育充実への機運が高まり、1992年の学習指導要領改訂では性教育が少し前向きに扱われました。

　こういった流れのなか、七生養護の先生方は、さまざまな困難を抱える子どもたちの「ねがい」に応えるためには、対症療法的なとりくみでは意味がないことに気づき、職場集団でていねいな議論を積み重ね、「こころとからだの学習」という性教育実践を創ってきました。この実践は、高く評価され、都教委主催の研修会などでも、七生養護の先生が講師となる機会も少なくなかったと聞きます。

　しかし、2003年7月2日の都議会を機に状況は一変します。土屋都議が「最近の性教育は、口に出す、文字に書くことがはばかられるほど、内容が先鋭化し、世間の常識とはかけ離れたものとなっている」と述べ、さらに冒頭の「からだうた」を念頭に、「ある養護学校ではからだのうたに性器の名称を入れて子どもたちに歌わせている」と質問しました。これに対し、石原都知事は「そういう異常な何か信念をもって、異常な指導をする先生というのは、どこかで大きな勘違いをしている」、横山教育長は「きわめて不適切な教材」と答弁しました。

　さらに、その2日後、土屋・田代・古賀都議と都教委が産経新聞の記者を連れ、七生養護に暴力的・恫喝的な「視察」をおこない、

教材を「押収」し、産経新聞には性器部分を露出させた人形の写真を撮らせ「まるでアダルトショップのよう」という記事を書かせました。その後、前校長が降格処分、先生方も厳重注意を受けることになりました。これが、「都立七生養護学校事件」の概略です。

　1990年代にほんの少し前向きになり出した日本の性教育は、この事件に代表されるバッシングの嵐に遭い、2000年代以降は停滞の道へと向かいます。特に、障害児学校が主なバッシングの舞台になったということもあり、障害児教育における性教育は、まさに「冬の時代」を過ごすことになりました。

判決文に学ぶ

　この事件は、教育内容への不当な介入事件として、長い裁判がおこなわれ、2013年に原告(七生養護学校の先生など)勝訴の形で終結しました。最高裁は上告棄却の判断でしたので、東京高裁の第二審判決が確定判決となっています。詳細は冒頭で紹介した書籍に譲りますが、この判決文から非常に重要と思われる部分を引用します。

　　知的障害を有する児童・生徒は、肉体的に健常な児童・生徒と変わらないのに、理解力、判断力、想像力、表現力、適応力等が十分に備わってないがゆえに、また、性の被害者あるいは加害者になりやすいことから、むしろ、より早期に、より平易に、より具体的(視覚的)に、より明瞭に、より端的に、より誇張して、繰り返し教えるということなどが『発達段階に応じた』教育であるという考え方も十分に成り立ち得るものと考えられ、これが明確に誤りであるというべき根拠は、学習指導要領等の中に見出せないし、その他の証

拠によっても、そのように断定することはできない

　「より早期に、より平易に、より具体的（視覚的）に、より明瞭に、より端的に、より誇張して、繰り返し教える」という一節は、知的障害児への教育方法を極限までシンプルに示した一文といえます。なかでも、性教育において特に重要と思われるのは、最初の「より早期に」です。障害のある子どもたちに、いつから性教育を始めればよいのかという疑問をもたれている人は多いかと思いますが、その答えは「より早期に」なのです。

　岐阜県中津川市の保育園では、発達の遅れの見られる幼児に、親子マッサージ、いのちの始まりの学習、産道体験などの「命の教育」にとりくんでいます。この実践報告[1]は、「幼児期での“性教育”“いのちの教育”というとどのように伝えていったらいいのかと初めは構えてしまう部分もありましたが、自分のからだと照らし合わせながら正しい知識を伝えていくこと、そして、どんな年齢でもどんな背景のある子にも、“あなたはたった一人の大切な存在なのだ”ということ、“あなたに会えてうれしい”ということを伝えながら、そのことを子どもたちが実感できるような信頼関係を築いていくことがとても大切」とまとめられています。

　また、最後の「繰り返し教える」もこだわりたいポイントです。東大阪市の放課後等デイサービスでは７回を１クールとする「こころとからだの学習」にとりくんでいます。この実践報告[2]には、「１クールでは覚えられない、卒業までに何とか理解してほしいと、すぐに２クール目を行いました。そして３クール目と受けているうちにようやく知識が定着し、落ち着いて話が聴けるようになっています。１クール目は、出てくることばへの衝撃と恥ずかしさが勝って

いましたが、2クール目以降ともなると『知りたい』気持ちが強くなり、真剣に聞く姿勢に変わってきています」とあります。

学習指導要領の問題

この判決は、七生養護の性教育が学習指導要領に違反していなかったと示していますが、現場の先生にとって、学習指導要領的に大丈夫かという点は、気になる部分です。原則論としては、学習指導要領は最低限の大綱的基準を示したものですので、学習指導要領に書いていないということは、「教えてはいけない」ことを意味しません。したがって、「必要なら教える」が基本です。

2009年の学習指導要領改訂の際、「最低基準性」を明確にするために、「はどめ規定」と呼ばれる「○○は取り扱わない」という形の記述がほぼ削除されましたが、残された「はどめ規定」があります。小学校5年生理科の「生命」の「ヒトの誕生」のところで、「受精に至る過程は取り扱わないものとする」とあるのです。要するに性交は扱ってはいけないのだと解釈されています。精子と卵子が、「どうやって出会うのか」だけを空白にする荒唐無稽な記述ですが、この一文が学校に与える影響は大きいです。

最新の学習指導要領でも、小5理科のこの規定は維持されています。そして、あろうことか、この「はどめ規定」が、2019年に告示された特別支援学校高等部学習指導要領では、知的障害の理科1段階のところにコピペされるという事態が発生しています。小学生に性交を教えるべきではないと考える人が存在することは、共感はできませんが、否定もできません。しかし、知的障害がある場合は高校生でも教えてはいけないという考えは、もはや差別でしかありま

せん。学習指導要領が優生思想を容認していると言ってもよいのではないでしょうか。

　とはいえ、学習指導要領に書かれてしまうと、現場の先生方に委縮するなというのも無理があります。そこで、小学校で性教育にていねいにとりくんできた先生がこっそり教えてくれた「はどめ規定」の抜け道を２つお知らせします。１つは、この規定は、あくまでも理科なので、理科以外で扱えばOKというものです。

　もう１つは、指導計画上は、「受精に至る過程」は扱わないように示しておきつつ、子どものなかに、確実に「どうやって、精子と卵子が出会うのか」という疑問が湧くように授業を進めるという方法です。「子どもから質問されたら、きちんと答える」ということであれば、教師としてあたりまえのことをしただけですので、問題にならないという作戦です。日常的に、性に対する否定的な感覚をもたせずに、気軽になんでも聞ける教室の雰囲気ができあがっていることが理想ですし、この状況が実現できていれば、この方法は、グッドアイディアといえます。

放課後等デイサービスとの連携

　それでも、学習指導要領の壁は乗り越えられないという場合は、放課後等デイサービスとの連携に委ねてみるのはいかがでしょうか。先ほど、放課後等デイサービスでの性教育実践を紹介しましたが、多くの障害のある子どもたちが利用し、集団で学びあう活動も可能な場ですので、非常に有効な性教育の場になりえます。

　学校で性教育をおこなう上で、家庭との連携は欠かせませんが、ここに放課後等デイサービスにも参加してもらい、三者で連携の輪

をつくることは、おそらく性教育の面に限らず、有意義なことかと思います。私が知りうる限り、安心感・安全感のある放課後等デイサービスであたたかいスタッフと関わっているときにこそ、もっとも「素の自分」を出せるという子どもたちも多いようです。だからこそ、放課後等デイサービスの場で性的な行動が発現するということもめずらしい話ではありません。この意味でも、放課後等デイサービスは、性教育のチャンスに満ち溢れた場でもあるのです。

　家庭と学校で「性教育押し付け合い合戦」がおこなわれ、結果的に「誰もやらない」ということになったという話を聞くことも少なくありません。押し付け合うのではなく、それぞれがしっかり連携し、家庭でも、学校でも、そして放課後等デイサービスでも、となることが大切ではないでしょうか。

科学的に正しいことを

　七生養護学校事件で敗訴した3都議のうち1名は、まだ都議を続けており、2018年、都内の中学校の性教育を再びバッシングしました。都議が、裁判で敗訴したことを、再び繰り返すという「暴挙」です。また、性教育バッシング全盛期に自民党内に「過激な性教育・ジェンダーフリー教育実態調査プロジェクトチーム」が設けられましたが、この座長を務めていたのは安倍晋三氏です。

　こんな状況をふまえると、残念ながら、まだまだバッシングに遭う懸念は払拭されません。しかし、障害者権利条約も、七生養護学校事件の確定判決も、すべての子ども・若者に包括的セクシュアリティ教育を保障することを後押ししています。たびたび登場する1999年の「性の権利宣言」には、「科学的倫理的に実施された研究を通じ

て生み出された性に関する情報が適切に流布されるべき」とあります。指導者の価値観に左右されやすいセクシュアリティ教育だからこそ、「科学的に正しいことを伝える」ことが大切で、これが結果的には最大のバッシング対策になると言えます。

1）千藤さやか（2019）「幼児期におけるいのちの教育〜支援の必要な児、家庭とともに」『季刊セクシュアリティ』（90）、68-76.
2）植本あゆみ（2019）「もっと教えてほしい！〜放課後等デイサービスでの『こころとからだの学習』」『季刊セクシュアリティ』（90）、28-34.

第11章
障害の重い人たちへのセクシュアリティ教育

　障害児・者の性教育に関する学習会・研究会などでしばしば聞かれる言葉のひとつに「障害の重い人へはどうすればいいんだ!?」という質問とも、悲痛な叫びともとれるものがあります。この「障害の重い」という言葉は、質問を受ける側としてはなかなか曲者です。なぜならば、この「障害の重い」が意味するところは、人それぞれ、大きく異なるからです。

　そんななかで、時々出会うのが、「障害の重い人に性教育は無理／必要ない」という言葉です。「性教育」というものを何やらむずかしいお勉強のようにとらえてしまう人が、そう考えてしまうのも無理もないのかもしれませんが、ゆたかなセクシュアリティを育むためのさまざまな学習や支援と考えれば、「必要のない人」はいないはずです。この章では、さまざまなタイプの「障害の重い人」を対象としておこなわれたゆたかなセクシュアリティを育むための実践を紹介しながら、「障害の重い人」へのセクシュアリティ教育を考えていきたいと思います。

恋愛を学ぶことは教育目標になる

　本書では、『季刊セクシュアリティ』からしばしば実践報告を引用

しています。この雑誌では、2014年7月に発行された第67号以降、「障害児・者実践」の連載が続いています。その第1回目として掲載された兵庫の原田文孝さんの重症児者病棟での性教育の報告[1]は圧巻でした。

　原田実践の主人公は「3歳ごろの発達の力を発揮しながら生活している」大山さん（仮名）という50歳の人です。訪問教育の高等部教育の制度化が大幅に遅れたことで、義務教育を終えてから30年以上を経て、ようやく高等部教育の機会を得たとのことです。「性に興味があり、好きな人がいる」「性的なことを知りたいという要求や性＝愛情を求めている」などの実態をふまえ、原田さんは「デートを申し込もう」という授業を創ります。その目標は、「①恋愛、デートの体験を通して、生きる喜びを味わえる。②相手に伝える自分の好きな事、嫌いな事、長所、短所などを考えることを通して、自己認識を深める。③相手の思いを受け止め、相手を思いやり、優しくかかわったり、表現したりすることができる」です。授業の詳細は後述の書籍に譲りますが、最後、転勤することになってしまった大山さんが大好きな人に、プレゼントを渡すデートの機会ができ、そこで目にいっぱいの涙をためて告白の言葉を振り絞ったという場面は、本当に「恋愛は人生を豊かにする」ということが伝わってくるものでした。

　原田さんは、この実践のまとめとして、「恋愛は人生を豊かにする」に加え、「人を好きになることの価値」がここにあったということと「恋愛の学習が必要である」ということを示されています。

　この授業の内容は、障害児教育の教育目標・教育評価研究会の書籍[2]にも所収されています。この書籍で、原田さんは、「恋愛を学ぶことは教育目標になるのか」という問いをたてています。そして、

この実践の事実をふまえ、「恋愛でしか体験できない『生きる喜び』は、教育的価値があり、教育目標になる」と考察されています。

「だっこ」の教材化

　重症児教育実践を中心に検討されているこの障害児教育の教育目標・教育評価研究会の書籍では、原田さんの実践に続けて、滋賀の木澤愛子さんの「心が動きだす時　ハグタイム」という実践が掲載されています。この実践も、大変すてきな実践ですので、ぜひお読みいただきたいと思いますが、ここでは、木澤さんが原田さんからの学びを活かされている部分を引用します。

　　　1年生のせいちゃんは就学前の療育には週1回しか行っておらず、生活リズムが整わずに出席してもほとんど眠っていたとの引き継ぎでした。（中略）低緊張で抱きにくい身体であることもあるかと思われますが、家では寝かされて過ごすことが多い様子でした。登校時、お母さんが車から降ろす際にも、抱きにくさからなんだか危なっかしく、介助のしにくさが訴えられていました。（原田文孝先生の「だっこ」が介助として習慣化されることで愛情を伝えることが形骸化してしまい無意識的な活動になってしまっている。だから愛情表現として教材化していくことが必要。という言葉が思い浮かびます）。そんなことからも、「ハグ」はこの子たちに合っているのではないかと感じます。「ハグ」を通して抱かれることの心地よさ、ハグする人の「愛情」に気づいてほしいと思いました。

　第4章・第5章で、「ふれあい」の大切さについて述べましたが、

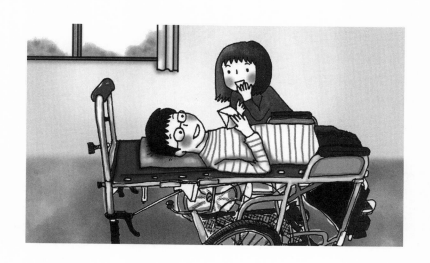

それは、「ふれあう」という表面的な行動だけが重要なわけではありません。表面的な行動にのみ目を向けていれば、おそらく、「ふれあい」さえも形骸化するでしょうし、形骸化した「ふれあい」は、ハラスメントと紙一重です。教育の場における「ふれあい」は愛情表現として教材化されたものであるからこそ価値をもつということを、私は、これらの重症児教育の実践から学びました。

障害の重い人のマスターベーション

　第6章でマスターベーションの重要性については述べましたが、ここでは、障害の重い人の事例を通して考えてみます。イギリスで出版された『知的障害のある人たちの性と生の支援ハンドブック』という書籍があり、日本でも、この翻訳書[3]が出版されています。ここにケアホームで生活している重度重複知的障害をもつピーターの事例が紹介されています。ピーターは、個別のケアは全面的にスタッフに依存しており、尿漏れ防止パッドを外した際に、勃起し、ペニスをさわろうとしているということが支援者集団の会議で報告されたというものです。

　この事例に対し、ケント大学上級講師のPaul Cambridgeさんは、

　　重度重複知的障害のある人たちの定期的な支援では、身体をふいたり、お風呂に入れたり、排泄介助をしたりといったルーチンワークになりがちです。重度重複知的障害のある人たちは、自慰の方法がわからないことが多く、また、身体的に自慰ができないこともあります。尿漏れ防止パッドを交換する際や性器などを洗っている際に、性的興奮が起こることは珍しくありません。これは、性器が露

わになる唯一の時間であるかもしれませんし、性器などに触る機会
になります。

　（中略）ピーターの場合の１つのアイディアとして、親密な関係の
ケアの後、きれいなパッドを付ける前に、ピーターに自分の時間を
与え、性的にも自分自身を模索し、ペニスを触らせるということが
できます。たとえば、スタッフがいる場面で彼が性器に触ろうとし
たらどうするべきかなどを考慮した彼の支援計画が実施されるべき
です。彼のことばの理解の程度に合わせて、「ピーター、いまは触っ
てもいいんだよ」といったことばをかけることもできます。その支
援指針としては、ピーターがどこでなら安全にひとりにしておける
か、また、それはどの程度の時間かを明らかにしておくべきです。

と述べています。ルーチンワークという言葉は、先ほどの原田さん
の「形骸化」にも通じますね。後半のアイディアは、とても積極的
な提案です。尿漏れ防止パッドやオムツを使用している人にとって
は、その交換のときが、唯一、直接自分の性器にふれられるタイミ
ングですので、その時に、しっかりとさわれるようにすることを大
切にしたいという考え方は重要です。

　イギリスはさすがに進んでいるね！　ととらえた人もいるかと思
いますが、もう一歩進んだ日本の事例も紹介します。ある重度難病
障害者のグループホームからの実践報告[4]です。「女子学生アルバ
イトさんが排尿介助の際に中田さんの勃起したペニスを見て、自分
の彼氏にするように射精介助をし、『当たり前の欲求だし、（精液を
体にためたままにしていたら）体に悪いから出しました』と、あっ
けらかんとした事後報告がありました」というできごとをきっかけ
に、このグループホームでの紆余曲折が綴られていました。第９章

でもふれた坂爪さんのホワイトハンズの研修なども経て、射精介助について支援者だけではなく、当事者とも一緒に、悩みを語り合い模索を続けているという報告でした。

　私は、この実践にコメントを求められましたので、まず、「この取り組みのきっかけとなった女子学生アルバイトさんの『精液をためたままにしていたら体に悪い』という認識は、『科学』的に誤りであること」をおさえた上で、「本来、他者が介在するものではない」行為にも関わらず、「他者が介在することで自慰ができるという方々は確かに存在し、当事者・支援者双方を悩ませて」おり、「試行錯誤を繰り返して解決しようとしているプロセス」がこの実践報告であると整理しました。そして、「この試行錯誤から目を背けず、向き合い続けているこのGHの姿勢は高く評価されるべき」としました。

　まだまだ、マスターベーションを支援の対象とすることについて十分な社会的コンセンサスがあるとは言えない状況ではありますが、マスターベーションは、権利でもあり、性の健康には欠かせないものです。だからこそ、「支援の対象」とすることについても、しっかりと考え続けていく必要があります。

教材・教具の工夫

　ここで改めて書くほどのことではありませんが、発達に遅れのある子ども・若者の学習場面では、教材・教具の工夫は欠かせません。学習者の実態によっては、たとえば、拙著『イラスト版発達に遅れのある子どもと学ぶ性のはなし』[5] などに掲載されているイラストを使ったりすることでも対応できるかと思いますが、障害の重い人の場合、やはり立体的な人形や模型が有効です。

第10章で紹介した七生養護学校で「事件前」に開発された教材・教具は、職員集団でていねいに検討されたことが伝わってくるようなすてきなものがたくさんありました。これらが不適切であるとされ、没収されてしまったことは本当に残念です。

　しかし、裁判も終わり、具体的な教材・教具が「不適切ではない」ことは判例として確定しましたので、改めて、各学校などで、学習者に合わせてさまざまな教材・教具を開発してほしいものです。特別支援学校での性教育実践にとりくまれている前田恵美さんに、その一例となるものを紹介していただきました。112ページのコラムをご覧ください。

絵本の読み聞かせから

　最後に、里山緑さんの特別支援学校小学部高学年の実践報告[6]に学びます。「担任した７名（最重度２名、重度４名、中度１名）は、それぞれに生育や障がいなどによる様々な辛さを抱えて、日々の安全が脅かされる状況」にあったということです。高学年の３年間をかけて性教育の授業を生活単元学習などでとりくんでいるのですが、その随所で絵本が活用されています。たとえば、性被害の防止の学習では『わたしのはなし』[7]が、家族の多様性の学習では『ぼくのはなし』[8]が使われています。最重度の子どももいる集団のなかで、こういったすてきな絵本を活用して、みんなで学び合うことは本当に重要な価値をもちます。

　写真絵本という言い方がよいかと思いますが、里山さんの報告では、『おんなのこってなあに？ おとこのこってなあに？』[9]も紹介されています。アメリカで出版された『What is a girl? What is a boy?』

という本を山本直英さんが翻訳したものですが、このむずかしい問いに対して、ちがいがあるのは性器だけで、そのほかは社会でつくられた「性差」であるということを明快に示してくれる一冊です。ちなみに、第3章で「おちょんちょん」という言葉を紹介しましたが、そのルーツを追うと、この翻訳書にたどり着きます。

障害の「重さ」を言い訳にしない

　私なりに「障害の重い人」あるいは「障害の重い人を含む集団」に対する実践を集め、検討してみました。もしかしたら、「やはり、自分がイメージする『重い人』とはちがう」と思われた人もいらっしゃるかもしれません。ただ、これだけは言えると思っていることは、障害の「重さ」は、セクシュアリティ教育をしないことの理由にはなりえないということです。

　率直に言えば、セクシュアリティ教育から逃れるための「言い訳」として、「障害が重い」という言葉を使われている人もいらっしゃるようです。「寝た子を起こすな」を筆頭に、ほかにもいろいろと、セクシュアリティ教育をしないための「言い訳」の言葉はあるわけですが、障害の軽重に関わらず、セクシュアリティ教育をしなくてよい子ども・若者など一人もいないということは強くお伝えしておきたいと思います。

1）原田文孝（2014）「人間としてあきらめられないこと…重症児者病棟での性教育」
『季刊セクシュアリティ』（67）、120-129.

2）三木裕和・越野和之・障害児教育の教育目標・教育評価研究会（2014）『障害のあ
る子どもの教育目標・教育評価』クリエイツかもがわ.

3）McCarthy, Michelle and Thompson, David（2010）Sexuality and Learning
Disabilities, Pavilion Publishing.（＝2014、木全和巳訳『知的障害のある人たちの
性と生の支援ハンドブック』クリエイツかもがわ.）

4）大山慎子（2017）「誰も傷つかない性支援はあるのか？〜重度男性障害者の性支援
〜」『季刊セクシュアリティ』（83）、128-135.

5）伊藤修毅編著（2013）『イラスト版発達に遅れのある子どもと学ぶ性のはなし─子
どもとマスターする性のしくみ・いのちの大切さ』合同出版.

6）里山緑（2019）「性教育が優しさの花を咲かせていく〜こころもからだも大きくな
っていく自分を実感できた小学部高学年3年間のあゆみ〜」『季刊セクシュアリテ
ィ』（90）、52-58.

7）山本直英・和歌山静子（1992）『〈おかあさんとみる性の本〉わたしのはなし』童
心社.

8）和歌山静子（1992）『〈おかあさんとみる性の本〉ぼくのはなし』童心社.

9）Waxman, Stephanie（1976）WHAT IS A GIRL? WHAT IS A BOY?, Peace Press.
（＝1992、山本直英訳『おんなのこって　なあに？　おとこのこって　なあに？』
福音館書店.）

コラム③

かっこよくトイレをしよう

　この模型は、特別支援学校の小学部高学年での性教育の授業「かっこよくトイレをしよう」でとりくんだ時の教材です。授業では、男性教員がこの性器模型付きの腹巻きを身につけて、トイレで排尿する姿を見せる時に使います。

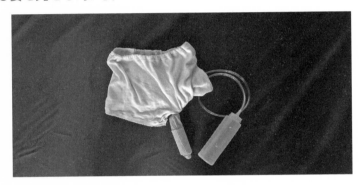

　知的障害のある子の中には、自分の性器をしっかりと持って排尿できていない子が多くいます。自分の性器に関心をもちさわることにこだわっていろいろな場面で性器を出す子になっては困る、という不安から、性器を持って排尿することを指導することに消極的になるケースは多くあるようです。そのため、思春期になっても自分の性器をさわれない子や、自分で性器を洗えない子も見受けられるのが気になります。小学生のときから育みたい、自分の性器をしっかりと持って排尿したり入浴時に自分で洗えたりできる力は、思春期を迎えた時に、プライベートゾーンを大切にし、安全にマスターベーションができる力の土台となります。

この授業では、小学部高学年の男子で課題別の小集団でおこない
ました。教室の中に段ボールで作った模型トイレを持ち込み、若い
男性教員がこの性器模型を着けて性器をしっかりと持ち排尿する実
演をする形で授業を進めました。肌色のフェルトとトイレットペー
パーの芯で作った男性性器模型の中にはチューブを通しています。
男性教員の背後から別の教員が水鉄砲で水を押し出して性器の先端
からおしっこが出てくる仕組みです。

　子どもたちは、先生が実演する様子を真剣な顔で見つめています。
この授業で「かっこよくトイレをしたい」という気持ちが引き出さ
れ、その後のトイレでお尻を隠して性器を持って排尿できるように
なった子が多くいました。授業中は教員が恥ずかしがらずに、真剣
な気持ちで子どもたちが安心して何でも聞ける雰囲気を大切にして
進めることが大切だと思います。

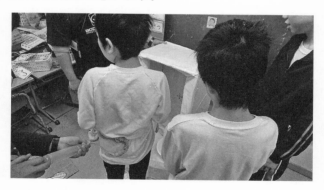

奈良　特別支援学校教員
前田恵美（まえだ　えみ）

第12章
障害者権利条約とセクシュアリティ

　第7章に障害者権利条約（以下、「権利条約」とします）第23条の冒頭部分についてくわしく書きましたが、その際、結婚、家族、親になること、恋愛することについての「差別を撤廃するための効果的かつ適当な措置」について、第12章で深めるとお約束しました。いよいよ、その第12章です。

結婚・家族を形成する権利

　権利条約第23条第1項では、結婚、家族、親になること、恋愛することについて「差別を撤廃するための効果的かつ適当な措置」を3点挙げています。この「措置」という言葉は、公定訳におけるmeasuresの訳語なのですが、わかりにくいので、以下、「対策」と言い換えます。1点目の対策は、「婚姻をすることができる年齢の全ての障害者が、両当事者の自由かつ完全な合意に基づいて婚姻をし、かつ、家族を形成する権利を認められること」です。

　きょうされんが2015〜16年に実施した「障害のある人の地域生活実態調査」の報告書[1]によると、配偶者と暮らしている障害者は4.4％、子どもと暮らしている障害者は2.5％に過ぎません。同調査のまとめには、「『誰とどこで暮らすかは自らが決める』という（権利）

条約の水準にとても及ばない現状にある」と述べられています。

第7章では、結婚や子育ての支援にとりくんでいる社会福祉法人を紹介し、現在の障害者福祉制度のなかでも「支援ができないわけではない」ということを示しましたが、まだまだ、この支援が広がりをもつには至っていません。

生殖能力を保持する権利

次に見ておきたい対策は、「障害者（児童を含む）が、他の者との平等を基礎として生殖能力を保持すること」です。私は、国連による、優生思想との決別宣言と受け取っています。

宮城県の女性2名が、旧優生保護法に基づき、知的障害を理由に強制不妊手術をされたことに対する国家賠償請求訴訟を起こしたことをきっかけに、昨今、障害者の強制不妊手術に関するさまざまな事実が明らかになってきました。そのなかには、旧優生保護法に「基づいている」強制不妊手術だけではなく、旧優生保護法でさえ認めていない子宮摘出や放射線照射などで生殖能力を奪われた人たちも少なくないということも含まれています。

新型出生前診断からの人工妊娠中絶率の現状などを見ると、現在の私たちの社会に、まだ、旧優生保護法の目的である「不良な子孫の出生を防止する」という思想が残っていることを感じます。そもそも、障害者の子孫は「不良」であるという認識が誤りですが、「生殖能力を保持する権利がある」ということをわざわざ権利条約に明示する必要があったということは、まだ私たちの社会は、優生思想を完全に払拭できていないということを暗に示しているようにも思えます。

家族計画の権利

　最後に確認したい対策は、「障害者が子の数及び出産の間隔を自由にかつ責任をもって決定する権利を認められ、また、障害者が生殖及び家族計画について年齢に適した情報及び教育を享受する権利を認められること。さらに、障害者がこれらの権利を行使することを可能とするために必要な手段を提供されること」というものです。

　国連人口基金東京事務所（UNFPA）のホームページに掲載されている用語集[2]では、「家族計画」を「カップルまたは個人が、自発的に、子どもをいつ、何人産むのか計画すること。また、そのために出産の間隔と時期を調節するよう、意識的に努力すること」と説明していますが、「子の数及び出産の間隔を自由にかつ責任をもって決定する権利」は、まさに、「家族計画の権利」と言い換えられます。

　「家族計画」という言葉は、高等学校の保健や家庭科では扱われているはずの言葉なのですが、大学生と対話していると、もはや死語になっているのではないかと思うことがあります。一方で、家族計画とは対極にある「できちゃった婚」はけっしてめずらしいものではなくなってきました。カップルそれぞれの考え方がありますので、そのすべてを否定するつもりはありませんが、子どもを何人、どれくらいの間隔でもつかは、主体的に「決める」権利をもっていることを確認する必要があります。そして、この権利を認識し、行使できるような教育や支援を提供していくことが必要です。

　少し話はそれますが、「日本家族計画協会」という一般社団法人があります。この法人のホームページ[3]は、セクシュアリティ教育に

役立つセミナーや教材が豊富に紹介されていますので、ぜひご活用ください。また、同法人理事長の北村邦夫さんのクリニックのホームページ「Dr. 北村のJFPAクリニック」[4]は、セクシュアリティ教育実践をするにあたっては必読のページです。

性教育を受ける権利

前の項で示した対策の後半部分は「生殖及び家族計画について年齢に適した情報及び教育を享受する権利」とあります。これは、だれがどう解釈しても、「（障害者にも）性教育を受ける権利」があるということです。この権利は、だれかが性教育を保障する責任を負って初めて成立します。条約上、その責任は「締約国」が負うものですが、国が直接教育をするわけではありません。特別支援教育を担う学校や、障害児・者の福祉を担う事業所が、この責任を果たす義務を負っているととらえることが必要でしょう。

しかし、この「性教育」が、セクシュアリティや快楽に否定的で、性行動を抑制・禁止するものであったら意味はありません。国際社会が追求している性教育は、あくまでも「包括的セクシュアリティ教育」と呼ばれるものです。

包括的セクシュアリティ教育

堀川修平さんの解説[5]を引用しながら、「包括的セクシュアリティ教育」とは何か確認します。国際的には、「性教育（sex education）からセクシュアリティ教育（sexuality education）へと、その名称が変化し」ましたが、その内容は「従来の性教育の内容を踏襲する

ものも含」むものの、「性を包括的にとらえるという点」に変化の主眼があります。ここでいう「包括的」とは、2014年版の「性の権利宣言」で示されたセクシュアリティの概念である「生涯を通じて人間であることの中心的側面をなし、セックス（生物学的性）、ジェンダー・アイデンティティ（性自認）とジェンダー・ロール（性役割）、性的指向、エロティシズム、喜び、親密さ、生殖がそこに含まれる」というニュアンスです。

　堀川さんは、包括的セクシュアリティ教育を実践する上でおさえておくポイントとして、以下の３点を示しています。

①性を多面的に捉えること…「性教育は生殖を教える教育」と誤認される傾向があるが、子どもたちが悩む、学校での人間関係などにもアプローチできること

②性をポジティブに捉えること…忌避感を与えず、科学的根拠に基づき、性を肯定的に捉えられるようにすること

③多様性とジェンダーの平等を前提にすること…「性差」は避けられないが、「性差」にも個人差がある。固定的な男女二分法では排除される人が出てくることを視野に入れること

　実は、包括的セクシュアリティ教育については、ユネスコをはじめとする国連の専門機関によって、国際的な指針が示されています。この指針については、次の章で、くわしく述べたいと思います。

性と生殖に関する健康と権利

　条約では、もう１ヵ所、セクシュアリティに関わって重要な条文があります。それは、以下に示す第25条（健康）の一部分です。ここは、政府公定訳があまりにも不正確なので、伊藤訳にします。

締約国は、障害者が、ジェンダーへの配慮が行き届いた保健サービスを利用する機会を確保するための適当な対策をとる。

(a)障害者にも、他の者に提供されるものと同一の範囲・質・水準で、無償又は負担しやすい費用のヘルスケアや保健プログラム（性と生殖に関する健康並びに住民のための公衆衛生計画の分野のものを含む）を提供すること。

「性と生殖に関する健康（と権利）」は、1994年にエジプトのカイロで行われた世界人口会議で示された概念です。家族計画に関する国際協力NGOジョイセフ[6]は、性と生殖に関する健康と権利として、「性や子どもを産むことに関わるすべてにおいて、身体的にも精神的にも社会的にも良好な状態であること」「自分の意思が尊重され、自分の身体に関することを自分自身で決められる権利のこと」とした上で、以下のことが含まれるとしています。

- すべての個人とカップルが、子どもを産むか産まないか、産むならいつ産むか、何人産むかを自分自身で決めることができること
- 安全に安心して妊娠・出産ができること
- 子どもにとって最適な養育ができること
- 他人の権利を尊重しつつ安全で満足のいく性生活をもてること
- ジェンダーに基づく暴力、児童婚、強制婚や、女性性器切除（FGM）などの有害な行為によって傷つけられないこと
- 強要を受けることなくセクシュアリティを表現できること
- 誰もが妊娠・出産、家族計画、性感染症、不妊、疾病の予防・診断・治療などの必要なサービスを必要な時に受けられること

権利条約は、こういった権利が障害者にも平等に保障されること
を明確に求めています。この点を、改めて確認しましょう。

　2019年9月、日本政府が提出した権利条約の履行状況を示した報
告書に対し、国連障害者権利委員会から「事前質問」が出されてい
ます。このなかには、第25条に関連して、「障害のある児童や知的又
は心理社会的な障害のある人を含む障害者が性と生殖に関する健康
と権利について年齢に適した情報及び教育にアクセスすることを確
保するためにとられた対策」について「情報を提供してください」
と書かれています。日本政府がどのような回答をするのかは本稿執
筆時点ではまだわかっていませんが、注目しておきたいところです。

1）きょうされん（2016）「障害のある人の地域生活実態調査報告書」（http://www.
　kyosaren.or.jp/investigat ion/260/、2020.3.13）
2）国連人口基金東京事務所（2019）「用語集」（https://tokyo.unfpa.org/ja/glossary、
　2020.3.13）
3）一般社団法人家族計画協会のホームページのURL は、https://www.jfpa.or.jp/ で
　す。
4）Dr. 北村のJFPAクリニックのホームページのURLは、https://www.jfpa-clinic.
　org/ です。
5）堀川修平（2015）「包括的性教育・セクシュアリティ教育」『季刊セクシュアリテ
　ィ』（72）、128-129.
6）ジョイセフ（2020）「セクシュアル・リプロダクティブ・ヘルス／ライツ（SRHR：
　性と生殖に関する健康と権利）とは」（https://www.joicfp.or.jp/jpn/project/
　advocacy/rh/、2020.3.13）

第13章
国際セクシュアリティ教育ガイダンス

　「日本の性教育は遅れている」ということは、ほとんどの人が感じているかと思います。本書の最終章では、世界のセクシュアリティ教育の「標準」を確認し、この国のセクシュアリティ教育がどれだけ遅れているのかを直視し、前進するための糧としたいと思います。

包括的セクシュアリティ教育の指針

　本書では、「性教育」「セクシュアリティ教育」「包括的セクシュアリティ教育」という言葉を適宜使い分けてきましたが、国際社会で合意されているのは「包括的セクシュアリティ教育」です。とりあえずは、純潔教育と言われる「結婚までセックスしてはいけない」ということのみを徹底する性教育と正反対で、科学的根拠に基づく性と生に関わる幅広い事項をすべてひっくるめて伝えていく教育、というニュアンスで理解すればよいかと思います。ただ、今回は、一歩踏み込んで、包括的セクシュアリティ教育に包括される「性と生に関する幅広い事項」のイメージをふくらますことにチャレンジしたいと思います。

　「国際社会で合意されている」と書きましたが、包括的セクシュアリティ教育のあり方・内容については、すでに国際指針が示されて

います。「国際セクシュアリティ教育ガイダンス（以下、ガイダンス）」というもので、2009年にユネスコを中心とし、WHOやユニセフなどの国際機関が共同文書として発表したものです。

　ユネスコなどによる国際的な教育指針ですので、文部科学省の責任で翻訳し、各学校に配布してもらうのが筋かと思いますが、残念ながら、この国の政府は「既読スルー」という姿勢を貫き通しました。そこで、性教協に関わる研究者が翻訳をおこない、ユネスコの認可を得て、翻訳書[1]が公刊されましたが、それまでに8年の歳月を要しました。

ガイダンスと障害者[2]

　ガイダンスは、すべての子ども・若者を対象としますので、障害のある子ども・若者も一切排除されません。すべての子ども・若者が、「性的虐待、性的搾取、意図しない妊娠、HIVを含む性感染症などに対して脆弱性をもっている」と示した上で、「他の子ども・若者よりも脆弱性の高い子ども・若者がいる」とし、その例として、「児童婚させられている思春期の女子」「すでに性的にアクティブな子ども」とともに、「障害を持っている子ども」を挙げています。

　つまり、すべての子ども・若者に包括的セクシュアリティ教育をていねいに実施する必要があることを前提に、障害のある子ども・若者は、脆弱性が高いので、よりていねいな包括的セクシュアリティ教育が必要という考え方です。さらに、「知的障害や学習障害の子どもや若者に注意が払われるべき」とも書かれており、「学習者の認知能力」への配慮に基づく包括的セクシュアリティ教育の重要性を示しています。

ガイダンスと多様性

　私たちの意識のなかで、シスジェンダーでヘテロセクシュアルで
はない人を「セクシュアルマイノリティ」ととらえてしまうことが
あります。しかし、ガイダンスを読み込んでいくと、「男・女・マイ
ノリティ」というとらえ方をしていないことに気づかされます。「人
間はそもそも多様である」ことの理解を第一においているというこ
とです。ガイダンスでは、「世の中にはいろんな人がいるよね、その
なかには、LGBT と呼ばれる人もいるし、障害のある人もいる。家
族のあり方だって、さまざまだよね」ということを 5 歳からていね
いに伝えていくことを求めているのです。

　発達論では、 2 歳くらいから「外界の対象について対比的な『二
つの世界』をとらえ、まずは目に見えるものから『大きい―小さい』
『たくさん―少し』『長い―短い』など、性質や関係について対比的
に認識できるようになります」[3] とされています。男―女について
も、同じことが言えるようです。そして 5 歳くらいになると、「『始
まり―終わり』、『できる―できない』、といった二分的な対比的な認
識の中に、『間』の世界をとらえ始め」[4] るとされています。男・女
も二分的なものではなく、グラデーションがあるわけですが、おそ
らくこのことを認識する力も、このころに育まれてくるのだと思わ
れます。そう考えると、 5 歳から「多様性の理解」の学習を始める
ということは、発達論的にも、理にかなったことのように感じます。

　もっとも、教師・支援者が、性別二元論の呪縛から解放されてい
ない状態では、子どもたちにセクシュアリティの多様性の認識を育
むことはむずかしいでしょう。そういった意味でも、ガイダンスか

ら学ぶことは大きいと言えます。

改訂版ガイダンス

　翻訳書の出版に8年を要したと書きましたが、翻訳書が出版され
た半年後、ユネスコは、ガイダンスの改訂版[5]（以下、改訂版）を
公表しました。ここからは、改訂版に基づいて、ガイダンスの内容
に踏み込んでいきたいと思います。
　改訂版では、包括的セクシュアリティ教育の鍵となる概念（キー
コンセプト）を8つに分けています。この8つのキーコンセプトに
対し、2～5の学習目標をおいています。ここまでを一覧にしたも
のが表1です。包括的セクシュアリティ教育と呼ばれる教育が包括
しようとしている内容の広さ、多面性のようなものを感じとってい
ただければと思います。

4つのレベルと学習目標

　改訂版では、学習内容を、レベル1が5～8歳、レベル2が9～
12歳、レベル3が12～15歳、レベル4が15～18歳以上と学習者の年
齢で整理しています。表1で示した27の学習目標それぞれについて、
レベルごとのキーアイディアと具体的な到達目標が示されています。
とても全部は示しきれませんので、例として、「7.1　セックス、セ
クシュアリティ、性のライフサイクル」の部分を表2にまとめまし
た。これで、包括しようとしていることが相当膨大であることはお
察しいただけるかと思います。

表1　国際セクシュアリティ教育ガイダンス（改訂版）における学習目標の項目一覧

キーコンセプト1：人間関係

1.1　家族
1.2　友情、愛、恋愛関係
1.3　寛容、包容、尊敬
1.4　長期的な関係と育児

キーコンセプト2：価値、権利、文化、セクシュアリティ

2.1　価値観とセクシュアリティ
2.2　人権とセクシュアリティ
2.3　文化、社会、セクシュアリティ

キーコンセプト3：ジェンダーの理解

3.1　ジェンダーとジェンダー規範の社会構造
3.2　ジェンダーの平等、固定観念、偏見
3.3　ジェンダーに基づく暴力

キーコンセプト4：暴力と安全でいること

4.1　暴力
4.2　同意、プライバシー、からだの不可侵性
4.3　情報通信技術（ICT）の安全な利用

キーコンセプト5：健康や幸福のためのスキル

5.1　性的行動に関する規範と仲間の影響
5.2　意思決定
5.3　コミュニケーション、拒否、交渉術
5.4　メディア・リテラシーとセクシュアリティ
5.5　助けや支援を探すこと

キーコンセプト6：人間のからだと発達

6.1　性と生殖の解剖学と生理学
6.2　生殖
6.3　思春期
6.4　ボディイメージ

キーコンセプト7：セクシュアリティと性行動

7.1　セックス、セクシュアリティ、性のライフサイクル
7.2　性行動と性的反応

キーコンセプト8：性と生殖の健康

8.1　妊娠と避妊
8.2　HIVやAIDSの偏見、ケア、治療、支援
8.3　HIVを含む性感染症のリスクの理解、認識、低減

※伊藤が独自に訳したもので、公式な翻訳ではありません。

表2 「7.1 セックス、セクシュアリティ、性のライフサイクル」の
学習目標

学習目標（5〜8歳）	学習目標（9〜12歳）
キーアイディア：生涯を通して、自分のからだや他者との親密さを楽しむことは人として自然である 学習者ができるようになること： ⇒身体的な楽しみや興奮は人間の自然な感情であり、それには他者との身体的接触を必要としうることを理解する （他に2項目）	キーアイディア：人間は、生涯を通して、自分のセクシュアリティを楽しむ力量をもって生まれる 学習者ができるようになること： ⇒セクシュアリティは、他者への感情的、身体的魅力を伴うことを理解する （他に4項目） キーアイディア：セクシュアリティに興味をもつことは自然であり、信頼できる大人に質問できることが重要である 学習者ができるようになること： ⇒セクシュアリティについて興味や疑問をもつことが自然であることを認める （他に1項目）
学習目標（12〜15歳）	学習目標（15〜18歳）
キーアイディア：性的な感情、空想、欲求は自然であり、生涯発生するものであるが、人は、そういった感情を実行することを常に選ぶわけではない 学習者ができるようになること： ⇒人々のセクシュアリティを説明する方法を列挙する （他に5項目）	キーアイディア：セクシュアリティは、複雑で、生涯にわたって進歩する生物学的、社会的、心理的、精神的、倫理的、文化的な様相を含んでいる 学習者ができるようになること： ⇒セクシュアリティの複雑さと、それがどのように多面的で、生物学的、社会的、心理的、精神的、倫理的、文化的要素を含んでいるのか、説明し、分析する （他に2項目）

※伊藤が独自に訳したもので、公式な翻訳ではありません。

あまりに膨大で、ただでさえ性教育の時間を捻出することが大変な学校の先生方にとっては、とても手に負えないということになってしまいますね。

　ただ、ガイダンスはマニュアルではありませんので、参考にできる部分は多々あれども、これをそのまま実践化するというものでもありません。ガイダンスの活用として第一に重要なのは、包括的セクシュアリティ教育で網羅すべき範囲の全体像を漠然と把握することかと思います。

　もう一つ重要だと考えているのは、性の学びの順序性をとらえることです。しばしば、「性的問題行動」への「対処法」を求められる人がいますが、行動への「対処」が根本的な解決になることはありません。「性的問題行動」を「性教育要求行動」ととらえた場合、どこから学び直しをすればよいのかを考える際に、ガイダンスの「レベル」を参考にすると、重要なヒントが得られることがあるかと思います。

0歳からのセクシュアリティ教育

　国際指針といえども、ガイダンスにも限界はあります。とりわけ、障害のある子ども・若者のセクシュアリティ教育を考える上では、発達年齢と性的成熟のギャップに向き合う必要がありますが、この点について、ガイダンスは十分な指針を示してくれているわけではありません。

　また、「5歳から」と言われてしまうと、5歳の発達の力に至ってない人にセクシュアリティ教育は無理だという勘違いを与えがちです。そこで文献を2冊紹介します。

◇キム・ミョンガン（2006）『0歳からの性教育読本』阪急コミュニケーションズ.

◇リヒテルズ直子（2018）『0歳からはじまるオランダの性教育』日本評論社.

　タイトルからおわかりのように、いずれも、性教育は「0歳から」ということを明確に示したものです。つまり、学校教育が始まる前に、いや、それどころか赤ちゃんのときの親子のスキンシップから性教育が始まっているととらえています。リヒテルズさんは、0〜3歳のうちに、「親子で性について語れる関係の土台づくり」から始めようと示しています。加えて、オランダの性教育を整理しながら「障害児にこそニーズに沿った性教育を」という章も整理されています。

　「障害の重い方々」のセクシュアリティ教育を考えるためにも、参考にしてみてください。

1 ）UNESCO（2010）International Technical Guidance on Sexuality Education.（＝2017、浅井春夫・艮香織・田代美江子・渡辺大輔訳『国際セクシュアリティ教育ガイダンス―教育・福祉・医療・保健現場で活かすために』明石書店.）

2 ）このテーマについては、伊藤修毅（2018）「『ガイダンス』には障がいをもった人の性教育はどう書かれている？」浅井春夫・艮香織・鶴田敦子編著『性教育はどうして必要なんだろう？―包括的性教育をすすめるための50のQ＆A』大月書店、130-131. にまとめましたので、ご参照ください。

3 ）寺川志奈子（2009）「2〜3歳の発達の姿」白石正久・白石恵理子編『教育と保育のための発達診断』全国障害者問題研究会出版部、98-118.

4 ）服部敬子（2009）「5〜6歳の発達の姿」白石正久・白石恵理子編『教育と保育のための発達診断』全国障害者問題研究会出版部、137-158.

5 ）UNESCO（2018）International Technical Guidance on Sexuality Education : an evidence-informed approach, Revised edition.（https://unesdoc.unesco.org/ark:/48223/pf0000260770、2020. 3.13）

補　章
新型コロナ禍とセクシュアリティ

　本書の仕上げに入る頃、私たちの社会は「新型コロナ禍」に襲われました。「ソーシャルディスタンス」なる言葉が流通し、「腕一本」どころか、２ｍの距離をとるようにということが全国民に要請される状況は、セクシュアリティの発達にとっても危機的な事態です。本書を、このタイミングで世に出すにあたり、この危機的事態に言及することが必要と考え、本補章を追加することにしました。

「新しい生活様式」を考える

　緊急事態宣言の解除を念頭に、政府の専門家会議は「新しい生活様式」を提言しました。その実践例として、「身体的距離の確保」「人との間隔は、できるだけ２ｍ（最低１ｍ）空ける」と示されています。「高齢者や持病のあるような重症化リスクの高い人と会う際には、体調管理をより厳重にする」とも書き添えられていますので、基礎疾患を抱える方も多い障害児・者を支える仕事をされている方は、本当に慎重にならざるを得ないでしょう。

　ここで、明確におさえておきたいことは、この「新しい生活様式」は、今後、本当に「生活様式」として、長期的に定着することはなんとしても避けなくてはならないということです。あくまでも、新

型コロナウィルスに対する治療薬やワクチンが開発され、「終息」と呼べる状態になるまでの「暫定的な生活様式」の提案ととらえるべきです。今後、さまざまな研究が蓄積されていくなかでは、いかに安全に人とふれあうかという方向で考えていきたいものです。

そもそも、私たちの「生活様式」に国家が介入することには違和感しかありません。認知行動学と動物福祉の専門家で名古屋市東山動植物園の企画官・上野吉一さんは、朝日新聞の記事[1]の中で、「具体例が必要だったのでしょうが、示された項目の細かさには、ここまで踏み込んでくるのかと驚いたし、科学・医学と経済のせめぎ合いで、主役のはずの人間一人ひとりの行動や心理という視点がないことに疑問を感じました」と述べていますが、まったく同感です。

上野さんは、さらに、「（新しい行動様式において）望ましいとされる行動のあれこれは、ホモ・サピエンスという動物としての視点に立つと不自然なことが多い」「ホモ・サピエンスとしての私たちは、そんなには意識的に生きていません。無意識に近づきたい相手とは距離を詰め、離れたい相手は視野に入らないようにして、居心地を良くしている」とも述べています。

ふれあいの文化を守る

本書では、「ふれあいの文化の教育的保障」という考え方を掲げ、距離感よりも、きちんと人とふれあうことのできる学習が大切であることを強調してきました。新型コロナ禍は、この点を揺るがしかねないわけですが、人格に不可欠な要素であるセクシュアリティの発達にふれあいが必要であることは、変わるものではありません。

もちろん、ワクチンや治療薬が開発され、十分に供給されるよう

になるまでは、感染拡大防止のための努力をする必要があることは確かです。しかし、それは「ウィルスを正しく恐れる」ために科学的に合理的な最小限の範囲に留めるべきであって、ソーシャルディスタンスなるものが固定化され、さまざまなふれあいの文化が崩壊することがないようにしなくてはなりません。

　むしろ、安全なふれあいを維持することが重要です。WHOは、「特に症状がある人とは、クロースコンタクト[2]を限定しよう」という訴えの中で、ハグ、握手、手をつなぐ、キスは避けようと言っていますが、「肘をくっつけあう」という挨拶はむしろ奨励しています。フットシェイク（シェイクハンズ〈握手〉の足バージョン。足をくっつけ合わせるだけでなく、リズムに合わせていろいろな合わせ方を工夫するとダンスにも発展する）なども奨励されており、すべての接触を機械的にやめるように言っているわけではないのです。

　可能な限り、ふれあいの空白をつくらない、そして、状況の改善に合わせて、ふれあいの方法をふくらませていくということが大事です。そのときは、空白になってしまった分をしっかりと取り戻したいものです。「わざわい転じて福となす」という言葉がありますが、この「わざわい」は、「災い」をあてることも多いですが、元々は「禍」です。新型コロナ禍を乗り越えたとき、私たちの中に、より豊かなふれあいの文化が育まれていることをねがっています。

１）2020年5月24日付朝日新聞デジタル「新しい生活様式、ヒトとして大丈夫？　動物学者に聞いた」
２）クロースコンタクト（close contact）は、一般に「濃厚接触」と訳されますが、本書の性質上、「性的な接触」と誤解されることを懸念して、あえてカタカナ表記にしました。

おわりに

　最後までお読みいただき、ありがとうございました。「ゼロから学ぶ」というタイトルの割には、ちょっとディープな話も多かったかもしれませんが、みなさんのセクシュアリティが今まで以上にゆたかになり、障害のある子ども・若者たちのセクシュアリティを育むための原動力の一助にはなれたでしょうか。

　12年前に私が『季刊セクシュアリティ』に寄稿した実践レポートがあります。そこには、「卒業が近くなるにつれ、生徒たちが、ふとした時間に『性』にかかわる質問をよく私にするようになってきた。生徒にとって、ただの『エロいこと』だった疑問が、『Hなことなのかもしれないけど、きちんと知っておくべき大切なこと』というような認識に変わってくれたことが、率直な手ごたえである。実践者としては、卒業し、社会へと羽ばたく生徒たちが、『性的存在』としての自分に、自信と誇りをもって生きていってくれることを祈るばかりである。そして、『困ったとき』には、誰かに手を貸してもらうことができる力を持ち続けてほしいというのがせめてもの願いなのである」と書かれていました。今、読み返すと、青臭く、ツッコミどころ満載のレポートなのですが、ここに綴った思いは、今でも薄れることはありません。

　まず、日本の「おとなたち」に求められることは、根強い「性へのタブー意識」を乗り越えること、そして、「性の学び直し」にとりくむことです。「はじめに」のなかで、「男子校で育まれた私のセクシュアリティ」に言及しましたが、「性の学び直し」という作業は、自分自身のセクシュアリティを客観視し、言語化することにつなが

ります。それは、自己否定を伴う苦しい作業でもありましたし、貧しいセクシュアリティとともに生きていたかつての私に巻き込んでしまった人たちのことを思うと慚愧に堪えません。でも、学び直せてよかったと思いますし、まだまだ、学び続けなければならないと思っています。

第10章で紹介した都立七生養護学校事件の裁判の第一審判決には、「性教育は、教授法に関する研究の歴史も浅く、創意工夫を重ねながら、実践事例が蓄積されて教授法が発展していく」という言葉があります。この判決文が出されてから10年以上経過しましたが、まだまだ歴史は浅いままで、もっともっと実践事例が蓄積されていく必要があります。この本を読んで、障害のある子ども・若者のセクシュアリティを育むための実践に踏み出してくれる人が、一人でも増え、そういった人たちの実践事例がどんどん蓄積されればうれしいです。そして、蓄積された事例を研究し、理論として、実践現場に返していくことが、私自身の役割と認識しています。これからも、一緒に学び続けていっていただければうれしいです。

最後になりますが、表紙デザインやイラストを全面的に担っていただいた永野徹子さん、コラムを寄稿していただいた千住真理子さん、前田恵美さん、4コマ漫画の転載をご快諾いただいたおがわ・フランソワさんに心からお礼申し上げます。そして、『みんなのねがい』の連載の企画段階から単行本の刊行まで、編集者としていつも的確なアドバイスと励ましを続けてくれた全国障害者問題研究会出版部の社浦宗隆さんにも、最大級のお礼の言葉をお伝えしたいです。

2020年6月

伊藤　修毅

伊藤修毅 （いとう　なおき）

日本福祉大学。専門は障害児・者のセクシュアリティ教育、青年期教育。"人間と性"教育研究協議会　障害児・者サークル代表。共著に『イラスト版　発達に遅れのある子どもと学ぶ性のはなし』（合同出版）、『くらしの手帳』（全障研出版部）、監修に『障害のある青年たちとつくる「学びの場」』（かもがわ出版）など。

本書をお買い上げいただいた方で、視覚障害等により活字を読むことが困難な方のために、テキストデータを準備しています。ご希望の方は、全国障害者問題研究会出版部まで、お問い合わせください。

ゼロから学ぶ　障害のある子ども・若者のセクシュアリティ

2020年8月10日　初版　第1刷発行
2021年3月10日　　　　第2刷発行

著　者　伊藤修毅
発行所　全国障害者問題研究会出版部
　　　　〒169-0051
　　　　東京都新宿区西早稲田2-15-10 西早稲田関口ビル4F
　　　　Tel.03-5285-2601　Fax.03-5285-2603
　　　　http://www.nginet.or.jp
印刷所　モリモト印刷株式会社